Gabriele Romagnoli
Nur mit Handgepäck

Gabriele
Romagnoli

Nur mit
Handgepäck

Wie ich lernte,
mich auf das Wesentliche
zu konzentrieren

Aus dem Italienischen
von Andrea Panster

Kösel

Verlagsgruppe Random House FSC© N001967

Copyright © der deutschsprachigen
Ausgabe 2016 Kösel-Verlag, München,
in der Verlagsgruppe Random House GmbH,
Neumarkter Str. 28, 81673 München
Copyright © 2015 Gabriele Romagnoli
Originaltitel: *Solo Bagaglio a Mano*
Originalverlag: Giangiacomo Feltrinelli Editore Milano
Durch freundliche Vermittlung von Kylee Doust Agency
Umschlag: Weiss Werkstatt, München, unter Verwendung eines
Entwurfes von elaborazione dell'Ufficio grafico Feltrinelli
Satz: Satzwerk Huber, Germering
Druck und Bindung: Friedrich Pustet, Regensburg
Printed in Germany
ISBN 978-3-466-34642-4
www.koesel.de

 Dieses Buch ist auch als E-Book erhältlich.

Inhalt

Ich war auf meiner
Beerdigung ...

Ich war auf meiner Beerdigung und habe etwas über das Leben gelernt. Es war nicht viel, aber nach meiner Rückkehr in die Welt beherzigte ich es und lebe seither besser.

Die Zeremonie fand an einem Morgen Ende November in der Stadt Naju im Süden Südkoreas statt. Sie endete mit den Worten: »Du hattest ein anstrengendes Leben, und jetzt ruhst du dich aus.« Dann verschlossen sie meinen Sarg mit vier Hammerschlägen auf die Nägel, warfen etwas Erde auf den Deckel und gingen. Ich blieb dort, im Dunkel der Zeit, und dachte an alles, was gewesen war, was nicht mehr sein würde, und akzeptierte es, so wie ich akzeptierte, dass ich gestorben war, dass ich dort wirklich gestorben war.

Die Reise hatte an einem Julitag in einem Flugzeug begonnen. Ich hatte an Bord in der *Financial Times* geblättert und gelesen, dass Südkorea den Weltrekord im Selbstmord hält – mit durchschnittlich 33 Suiziden am Tag. Und dass man, um einen weiteren Anstieg zu verhindern, sogar Beerdigungen simulierte. Große Unternehmen wie Samsung oder Allianz ließen es sich etwas kosten, dass ihre Beschäftigten einen Tag nicht mit Arbeit verbrachten, sondern damit, sich von sich selbst zu verabschieden – in der Hoffnung, dass sie dann im echten Leben von einem Selbstmord absähen. Es gab sogar ein eigenes Unternehmen namens Korea Life Consulting, das sich um alles kümmerte und bereits 50 000 Zeremonien abgehalten hatte. Bei der Landung dachte ich mir, dass ich Nummer 50 001 sein wollte. Nicht, weil ich je gefährdet gewesen wäre, mich umzubringen, oder glaube, dass ich je gefährdet sein werde. Ich wollte vielmehr wissen, ob man über das – und sei es nur mittels einer Inszenierung erlangte – Gefühl, dass es zu Ende ist, auch nur ein klein wenig vom banalisierten »Sinn des Lebens« erhaschen kann, ob es eine Art Gebrauchsanweisung liefert.

Also bin ich in ein Flugzeug nach Seoul gestiegen. Und dort in ein Flugzeug nach Gwangju. Und dort in ein Taxi nach Naju. Die Fahrt dauert eine halbe Stunde. Der Wagen dringt in einen Wald aus durchnummerierten Mehrfamilienhäusern vor. Es gießt in Strömen. Der Himmel ist undurchdringlich grau. Das Navigationssystem hat kapituliert. Ein Passant weist uns den Weg zur Korea Life Consulting: Die Firma befindet sich in einem anonymen Bürogebäude, die Zufahrt von einer Schranke geschützt.

Ein freundlicher Herr namens *Lied* – Song – erwartet mich mit aufgespanntem Regenschirm und bringt mich in einen Raum, wo ich den Unternehmensgründer kennenlerne, Herrn Ko Min-su. Er ist vierzig Jahre alt und kommt aus der Versicherungsbranche. Sein Leben wurde durch den Tod seiner beiden großen Brüder in jungen Jahren gezeichnet. Der eine starb bei einem Flugzeugunglück, der andere im Auto. Das Überleben hat ihn geprägt und mit Zweifeln erfüllt, auf die er mit seiner Tätigkeit eine Antwort geben möchte. Er vertagt jede weitere Diskussion auf die Zeit nach der »Wiedergeburt« und empfiehlt mir fortzufahren.

Wir gehen in einen anderen, deutlich größeren Raum, der wie ein Klassenzimmer eingerichtet ist, mit vielen Bänken, einem Pult und einer interaktiven Tafel. Ich werde fotografiert, das Bild wird sofort ausgedruckt und in einen Rahmen mit gelben Chrysanthemen und schwarzen Bändern gesteckt. Ich sitze an einem der Tische und lausche der Einführung, die der Zeremonie vorausgeht. Ko Min-su zeigt ein Video, das er für diesen Anlass gemacht hat. Man sieht eine Mutter im Kreißsaal. Das Kind, das sie zur Welt bringt, explodiert aus ihrem Unterleib, durchschlägt ein Glas und fliegt schreiend durch die Luft. Ohne je zu verstummen, fliegt es weiter, wird erst zum Jungen, dann zum Mann.

Der Himmel um ihn herum verfärbt sich, die Erde durchläuft die Jahreszeiten, er verliert erst die Haare, dann die Zähne, wird zum Greis, es ist Winter, Sonnenuntergang, er zerschellt in einem Grab – er wird nicht hinabgelassen, er zerbirst. 20 Sekunden sind vergangen. Es erscheint der Schriftzug *Life is short*, das Leben ist kurz. Ko Min-su sieht mich an und sagt:»Du weiß nie, wann es so weit ist. In deinem Fall endet es jetzt. Glaubst du, dass du bereit bist? Dass du die dir vergönnte Zeit so gut wie möglich genutzt hast?« Die Fragen sind rhetorisch. Noch nie hat sie jemand mit Ja beantwortet. Nicht einer von 50 000 Menschen – und einem.

Auf der Tafel ist jetzt ein Text zu sehen. Man hat mehr als hundert über 80-jährige Männer befragt. Im Durchschnitt verbrachten sie ihr Leben wie folgt: 23 Jahre mit Schlafen, 20 mit Arbeiten, sechs mit Essen, fünf mit Rauchen und Trinken, weitere fünf damit, auf einen Termin zu warten, vier mit Nachdenken, 228 Tage mit Gesichtwaschen und Zähneputzen, 26 Tage im Spiel mit Kindern, 18 mit Krawattenbinden. Und zum Schluss 46 Stunden damit, glücklich zu sein. Die Worte leuchten weiter, kommentarlos, Stille. Ein Leben: *46 Stunden Glück.* Sie dimmen das Licht, stellen eine Kerze auf den Tisch, bringen mein mit Trauerflor geschmücktes Bild, ein Blatt Papier und einen Stift.

»Du musst jetzt dein Testament machen. Richte einen letzten Gruß an die Menschen, die dir am meisten bedeuten, verfüge über deinen materiellen Besitz und unterzeichne dann mit Datum und Unterschrift. Du hast eine halbe Stunde Zeit. Denk daran, dass dein Leben bald vorüber sein wird und dir keine Zeit mehr bleibt, irgendetwas zu ändern. Du hast, was du hast, und die Menschen, die zählen, sind, wer sie sind.«

Sie lassen mich mit der Kerze, dem Blatt Papier und dem Stift allein. Ich fange an zu schreiben. Wie es scheint, war diese Übung für viele der 50 000 Teilnehmer erhellend. Sie wurden sich – oft schmerzlich – bewusst, welche Beziehungen wirklich zählten und was sie aufgebaut hatten. Das ist auch bei mir nicht anders: wenige Dinge, sehr wenige Namen. Beim Schreiben wird mir etwas Wichtiges klar: Meiner Ansicht nach läuft es dann perfekt, wenn es am Ende nichts mehr zu vererben gibt, weil du dich längst aller Dinge entledigt hast. Und niemand mehr da ist, dem du sie geben könntest, für den dein Tod schmerzhaft wäre. Nur so kannst du in Frieden gehen, wie ein Windhauch: Es war, es ist vorüber, es ist nicht nötig, sich zum Gruß noch einmal umzudrehen. Das Problem ist vielmehr, dass alles endet, wenn du am wenigsten damit rechnest, und wenn es jetzt wirklich so weit wäre, müsste ich den Schmerz anderer Menschen in Betracht ziehen und etwas verfügen. Ich tue es und überrasche mich mit meinen Entscheidungen selbst.

Als ich den Stift niederlege, nähert sich der freundliche Herr namens Lied. Er bittet mich, das Testament mitzunehmen und ihm zu folgen: »Es ist Zeit für deine Beerdigung.«

Wir gehen wieder in den Vorraum. Er zeigt auf einen Flur, der zu einer Treppe führt. Davor wartet ein weiterer Mann. Er ist ganz in Schwarz gekleidet und trägt einen riesengroßen Hut. In der koreanischen Tradition ist er der Todesbote. Er geht gemessenen Schrittes voran. Wir steigen in den Keller hinab. Es ist sehr kalt. Am Geländer hängen gelbe Laternen, an den Wänden die Porträts berühmter Verstorbener. Es ist eine seltsame Auswahl: Ich erkenne John F. Kennedy, Lady Diana, Ronald Reagan und Stanley Kubrick. Die Dunkelheit nimmt zu, die Temperatur ab. Im letzten Saal ist es eiskalt, am hinteren Ende befindet sich ein Altar. Auf dem Boden stehen Reihen von Särgen im schwachen Schein gedämpften roten Lichts. Es sind etwa zwanzig. Sie zeigen mir den meinen, stellen mein Bild auf ein Podest und legen das Testament dazu. Dann bekomme ich eine weiße Kutte, das koreanische Totengewand. Dass es keine Taschen haben würde, hatte Ko Min-su bereits angekündigt: »Denn du bist ohne alles auf diese Welt gekommen, und ohne alles wirst du sie verlassen«. Auch in Neapel sagt man: »Das letzte Hemd hat keine Taschen«.

Ich werde gefragt, ob ich noch etwas sagen will. Ich antworte nicht einmal mehr, sondern schüttle nur den Kopf. Ich muss mich in den Sarg legen. Es ist keiner von denen, wie man sie in manchen Filmen sieht, mit Satin ausgeschlagen und schön bequem. Es ist eine Holzkiste, ein Sarg wie aus dem Spaghettiwestern. Ich bin 1,90 Meter lang (von groß kann ich hier ja nicht mehr sprechen) und stoße mit Kopf und Füßen an. Ich habe keinen Platz für meine Arme und muss sie verschränken. Ich versuche noch, mich daran zu gewöhnen, da sehe ich, wie sich der Deckel schließt. Und schließlich denke ich: Wer zwingt mich dazu? Der Zweifel kommt zu spät. Mit einem Hammer werden die Nägel in die vier Seiten geschlagen, eine Hand voll Erde landet dröhnend auf dem Sarg. Dann ist alles still. Dunkel.

Und ich kann anfangen zu erzählen, was ich gedacht und gelernt habe, während ich tot war.

—

KAPITEL 1

Nur mit Handgepäck

An verschiedenen Punkten unseres Lebens erstellen wir Listen der Ziele, auf die wir uns konzentrieren möchten. So mancher tut es zu Beginn jedes neuen Jahres. Da ich lange Zeit nicht wusste, wie man lang- oder auch nur mittelfristig plant, habe ich es erst im Alter von rund fünfzig Jahren gewagt, mir ein Ziel zu stecken: in meinem Leben hundert Länder zu bereisen. Während ich diese Zeilen schreibe, bin ich bei 73, aber bis Ende des Jahres werden noch mindestens zwei dazukommen, sodass es dann 75 sein werden. Ich gehe davon aus, dass ich es schaffen werde, die 100 vollzumachen. Ich weiß nicht, was ich durch diese Weltreise gewinnen werde, aber ich kann sagen, was es mir gebracht hat, 73 Länder gesehen, auf 4 Kontinenten (Europa, Amerika, Asien, Afrika), in 8 Städten (Bologna, Turin, Rom, Mailand, Paris, Kairo, Beirut, New York) und in 27 Wohnungen gelebt zu haben. Bis jetzt. Ich weiß nicht, ob meine abschließenden Überlegungen die Schlüsselfrage meines Vaters beantworten werden. Als ich ihm sagte, dass ich von Kairo nach Beirut umziehen würde, sah er – ein Installateur aus Bologna, der sich mit weit über achtzig Jahren noch schwarzer Haare rühmen kann und deshalb von meinen Freunden Highlander genannt wird – von seinem Teller auf und fragte: »Wozu soll das gut sein?« Ein Elektroschrauber ist zu etwas gut. Eine Million Euro sind zu etwas gut. Aber wenn man von Ägypten in den Libanon zieht, um eine andere Sicht auf den Nahen Osten zu bekommen, wenn man nach Luxemburg fährt, um eine Zahl in ein blaues Notizbuch schreiben zu können, wenn man eine Wohnung in Manhattan verkauft und sich eine in Brooklyn kauft, um aus der Aussicht zu verschwinden und sie dadurch endlich zu genießen, dann sind diese Dinge zu nichts »gut«. Sie sind (sehr) anstrengend, (hin und wieder) amüsant und (sofern man lernwillig ist) lehrreich.

Was man daraus lernt? Ich werde versuchen, die wichtigsten Schlussfolgerungen zusammenzufassen. Der Effekt wird ähnlich sein wie bei der Aufzählung namens *Sonnenschutz*. Was später zum Text eines erfolgreichen Songs wurde, war ursprünglich eine Rede vor einer Abschlussklasse einer Universität in Chicago. Sie enthält eine Reihe von Ratschlägen (»Merken Sie sich Komplimente. Vergessen Sie Beleidigungen. Falls Ihnen dies gelingt, verraten Sie mir wie.«), die man nicht unbedingt befolgen muss. (Denn »Ratschläge sind eine Art von Nostalgie. Wer sie anbietet, fischt die Vergangenheit aus dem Abfall, wischt sie ab, überpinselt die unansehnlichen Stellen und bringt sie für mehr in Umlauf, als sie eigentlich wert sind.«). Außer einem, dem man blind vertrauen soll: »Benutzen Sie Sonnencreme.«

Auch ich werde einige Schlussfolgerungen aus meinen Umzügen und Reisen ziehen, eine davon zur unumstößlichen Tatsache erklären und zum Schluss: »Reist nach Möglichkeit nur mit Handgepäck.«

Dazu muss man sich nach und nach einer Reihe von Überzeugungen entledigen wie überflüssiger Kleidungsstücke. Aber zuerst muss man sich in Bewegung setzen, denn der größte Einwand dürfte wohl lauten: Ich brauche weder einen riesengroßen Koffer noch einen kleinen Rucksack, ich bleibe zu Hause.

Wo findet man die Motivation zum Reisen? Ich fand sie vor langer Zeit an einem – wie nicht anders zu erwarten – brütend heißen Abend in Kigali, der Hauptstadt von Ruanda. Ich war gerade angekommen und wollte versuchen, ein Interview mit einem inhaftierten Bischof zu bekommen, dem Beihilfe zum Völkermord vorgeworfen und der Prozess gemacht wurde. Es war Samstag, im Hôtel des Mille Collines wimmelte es vor Mücken und Prostituierten und ich ließ Uhr, Geldbeutel und

Pass im Safe, um mir ein wenig die Füße zu vertreten. Sogleich fiel mir auf, dass alle Menschen – ob allein oder in Gruppen – im Laufschritt unterwegs waren, als wären sie zu spät für eine Verabredung, den Zug, den Himmel. Wohin sie liefen, wusste ich nicht: Es gab weder Schilder von Cafés oder Kneipen noch Bushaltestellen. Nachdem ich das Phänomen eine Weile beobachtet hatte, gelang es mir, einen Jungen abzufangen, der Englisch sprach, und bat ihn um eine Erklärung. Er riss die von der Malaria gezeichneten Augen auf und sagte: »Sir, *bewegliche Ziele sind schwerer zu treffen.*« Mit der letzten Silbe war er schon wieder weg. Der Bürgerkrieg und die Scharfschützen hatten ihn etwas gelehrt, das sich auch auf weniger dramatische Umstände übertragen lässt: Wenn du dich bewegst, bist du nicht so leicht zu treffen. Wenn du immer im gleichen Haus, im gleichen Viertel, am gleichen Arbeitsplatz und im gleichen familiären Umfeld bleibst, kann der große Schütze Schicksal erheblich besser zielen. Danach kann der Tod natürlich auch in Samarkand warten, wohin du eilends fliehst, um ihm zu entgehen, weil du ihn dort gesehen hast, wo du zuvor gewesen bist. Ich aber glaube eher dem Jungen aus Kigali und rate deshalb zu raschen und häufigen Ortswechseln.

Viele vollgestopfte Koffer machen dieses Unterfangen unmöglich. Wovon können wir uns trennen? Für den Anfang von den Gewissheiten. Den größten, endgültigsten und deshalb schwersten, den absoluten Gewissheiten: Wir trennen uns davon, indem wir sie durch den Gedanken ersetzen, dass alles relativ ist. Ich spreche weder von der philosophischen noch der wissenschaftlichen Relativität (obwohl ich geneigt bin, auch daran zu glauben), sondern von einem Relativismus des Menschlichen. Wenn in anderen Breiten alles anders ist, hat es keinen Sinn, den eigenen Kompass, die eigenen Wörterbücher und das eigene Denken mitzunehmen. Alles ändert sich – auch die Zeit, die Bedeutung der Wörter, ja sogar die Bedeutung der Gefühle. Da man für einen Beweis drei Belege braucht, werde ich versuchen, dies anhand von drei Beispielen zu zeigen.

Im ersten geht es um die Zeit, oder besser, um ihre Einteilung. Ich schreibe dies an einem Montagmorgen in Europa. Es ist der vielleicht schwierigste Moment der Woche, wenn der Motor wieder anspringt, was häufig nicht gleich gelingt. Er folgt auf die Melancholie des Sonntagabends (die Staus bei der Rückkehr aus dem Wochenende, die in den Polemiken aus den Umkleidekabinen wiedergekäuten Spiele, die vor dem Schulbeginn am Montag noch schnell gemachten Hausaufgaben). Im Jahr 1919 veröffentlichte der ungarische Psychiater Sándor Ferenczi einen Artikel mit dem Titel *Sonntagsneurosen*, in dem er Patienten mit wiederkehrenden Symptomen beschrieb: vom Überschwang am Vortag bis zur darauffolgenden Depression.[1] Dieser stete Rhythmus durchsetzt das ganze Dasein der Menschen im Westen. Er durchsetzte auch das meine – bis ich nach Kairo zog. Dort *war der Sonntag plötzlich am Freitag*, dem islamischen Feiertag. Hätte ich die Grenze überquert, um in Tel Aviv zu leben, wäre der Sonntag am Samstag gewesen, dem jüdischen Feiertag. Religionen, Zivilisationen, Regierungen nutzen den Kalender als Machtmittel, denn die größte Macht liegt in der Kontrolle der Zeit. Die Sumerer, Ägypter, Griechen und Römer unterteilten das, was für uns Jahre, Monate und Wochen sind, in anderer Weise. Aber die Natur kennt eine solche Unterteilungen nicht, da die Zeit einfach fließt. Die großen Revolutionen versuchten immer auch, den Kalender zu reformieren – mit wunderlichen Resultaten. Im 18. Jahrhundert setzte sich in England der blaue Montag durch, dem in Italien noch Friseure und Fischhändler verpflichtet sind.

Der Architekt und Philosoph Witold Rybczynski fasst das Durcheinander in seiner scharfsinnigen Abhandlung *Am Freitag fängt das Leben an* folgendermaßen zusammen: »Jede Kultur entwickelt hinsichtlich Arbeit und Muße ihre eigenen Strukturen, und indem sie dies tut, macht sie zugleich eine gewichtige Aussage über sich selbst. Sie erfindet bestimmte Muster, oder sie übernimmt alte und kombiniert sie in neuer Weise; von daher die lange Liste von Tagen, die der Muße gewidmet sind: öffentliche Feiertage, Familienfeste, Markttage, tabuisierte Tage, Unglückstage, heilige Tage, religiöse Festtage, blaue Montage und Dienstage, Gedenktage, Sommerurlaub – und Wochenenden.«[2] Letztere scheinen zwar »naturgegeben« zu sein, wurden in Italien aber erst am 20. Juni 1935 eingeführt, als ein nationales Gesetz den *sabato fascista* (dt. »faschistischer Samstag«) in Kraft setzte und vorschrieb, dass die Produktionsaktivitäten an diesem Tag mittags um ein Uhr einzustellen seien.

Nun, wenn wir am Freitag in Kairo, am Samstag in Jerusalem, am Sonntag in Rom wären, könnten wir drei Feiertage aneinanderreihen und der Relativismus der Einteilung der Zeit wäre eine unbestreitbare Tatsache. Reisten wir nicht nur durch den Raum, sondern auch durch die Zeit, könnten wir bis in alle Ewigkeit weiterfeiern. Darum lassen wir diese Gewissheit zu Hause – genau wie den Glauben, Wörter hätten eine exakte Bedeutung und könnten sich nicht dem Willen dessen beugen, der sie benutzt. Dies ist der zweite Beleg für den Relativismus.

Als ich nach New York kam, machte ich mich auf die Suche nach einer Mietwohnung. Es waren die 1990er-Jahre, das Internet befand sich am Anfang und man überflog noch Anzeigen auf Papier. Folgendes Angebot stach mir ins Auge: »A terrific apartment with a dramatic view«. Es wäre stümperhaft, dies als »furchtbares Apartment mit dramatischer Aussicht« zu übersetzen, aber das sind die Wurzeln dieser beiden Adjektive: Schrecken und Drama. Nur in den Vereinigten Staaten, im Land des Optimismus, bedeutet *terrific* »großartig«. »You look terrific« heißt nicht, dass du Augenringe, wirres Haar und ein eingefallenes Gesicht hast, sondern genau das Gegenteil: Du bist traumhaft schön. Und die Aussicht ist nicht *dramatic*, weil Ground Zero zu sehen ist, sondern weil sie die Skyline, den Central Park oder den East River zeigt. Oder in diesem Fall die Freiheitsstatue. Als ich vergeblich danach suchte, brachte man mich in die Küche und zeigte mir einen kleinen Spiegel, in dem sie zu sehen war. Man konnte sie darin betrachten oder sich dazu aus dem Fenster lehnen. Noch einmal – alles übertrieben, ausgeschmückt, der Notwendigkeit unterworfen, ein Produkt zu platzieren und gefällig zu machen, auch wenn man nur daran denkt oder davon spricht.

Wenn man den Sinn der Worte beugt, beugt man dann auch die dahinterstehenden Ideen? Wenn man Vokabeln entschärft, die Angst oder Kummer verursachen, wird allein dadurch das Leben besser? *Worte sind eine rosarote Brille*, aber sind die Gläser auch so eingestellt, dass sie die Erscheinung der Dinge korrigieren? Die Amerikaner scheinen dieser Überzeugung zu sein. Ihre Sprache ist überreizt: Wörter wie »Great!«, »Wow!«, »Excellent!« sind ebenso häufig wie – in den meisten Fällen – übertrieben. Und doch ist Generation um Generation ein Volk von Optimisten, von Kämpfern entstanden, die stets an sich und die Zukunft glauben. Zu den Zutaten des Rezepts, das zu diesem Ergebnis geführt hat, gehört auch die Verkehrung der Bedeutung einiger Wörter ins Positive, deren Konnotation ursprünglich negativ war. Also relativ.

Undenkbar aber scheint, dass sich in anderen Breiten die Gefühle, die vom gleichen Ereignis ausgelösten Empfindungen verändern. Und doch ist es so.

Von den vielen Dingen, die im Laufe eines Lebens geschehen können, wird eines fast einmütig als das schmerzlichste betrachtet: der Verlust eines Kindes. Er ist nicht vorgesehen, nicht akzeptiert. Das geht sogar so weit, dass es nicht einmal ein Wort für diesen Zustand gibt. Wir bezeichnen Kinder als »Waisen«, die einen Elternteil verlieren, und als »Witwe/r«, wer ohne Ehepartner zurückbleibt. Aber die Leere nach dem Tod eines Kindes ist so groß, dass es kein Wort dafür gibt, als könne nichts sie umfassen, nichts sie begrenzen. Romane und Filme (am gelungensten finde ich den Roman *Der Sportreporter* des amerikanischen Autors Richard Ford und den Film *Lantana* des australischen Regisseurs Ray Lawrence) erzählen häufig von diesem Zustand. Sie zeigen ihn als unerträglich für das Paar, das unweigerlich auseinanderbricht. Zusammenzubleiben würde bedeuten, diese Trauer jeden Augenblick miteinander zu teilen, sie (so irrational das auch sein mag) einander sogar vorzuwerfen oder (so kindisch das auch sein mag) miteinander zu wetteifern, wer am meisten leidet. Völlig unannehmbar, unsäglich und unerträglich.

Eines Tages steht eine alte Frau in Tränen aufgelöst vor der Tür eines Hauses in einem südlibanesischen Dorf, auf das israelische Bomben gefallen waren (es ist der Sommer 2006). Man könnte meinen, sie wäre wegen eines Trauerfalls, eines unersetzlichen Verlusts am Boden zerstört: Sie wäre die Mutter eines im Krieg gefallenen Hisbollah-Kämpfers, eines »Märtyrers«. Stattdessen offenbart sie, dass ihr Schmerz die umgekehrte Ursache hat: dass sie der Sache nichts, dass sie keinen Sohn geben konnte, dass alle noch leben, dass sie keine Opfer gebracht hat. Sie hat keinen Märtyrer im Haus. Ein Märtyrer ist etwas, worauf man stolz sein kann: Sein Bild wird draußen aufgehängt. Es ist für Nachbarn und Passanten Gegenstand der Verehrung. Ein Märtyrer erhöht den Status der Familie (und ihr Einkommen, da die Hisbollah die Überlebenden unterstützt). Aus einer Situation, an der jede Mutter im Westen verzweifelt, zieht diese Frau oder andere in ihrer Lage Befriedigung – wenngleich nicht ungetrübt.

Das Leben selbst ist relativ. Es hängt davon ab, was du erwarten kannst. Wenn du in einem palästinensischen Flüchtlingslager geboren wirst, erwarten deine Eltern weder, dass du erfolgreicher Akademiker wirst noch dass du eine Castingshow gewinnst. Sie können zwar nicht auf dein Leben, wohl aber auf deinen Tod stolz sein. »Wir lieben den Tod mehr als ihr das Leben«, sagte Osama bin Laden paradoxerweise. Oder: Wir werden deinen Tod mehr lieben als dein Leben.

Die Selbstmordattentäter vom 11. September reisten mit Handgepäck oder ohne alles. Abgesehen von einem vielleicht, ihrem Anführer Mohammed Atta. Später wurde ein Koffer auf seinen Namen gefunden. Er war nicht in das Flugzeug geladen worden, das in den Nordturm krachen sollte. Rätselhafterweise enthielt er Informationen, die für die Ermittlungen hilfreich waren. Am Abend, bevor die Terroristen aufgebrochen waren, hatten sie ihr Testament gemacht und sich dem Bestattungsritual gemäß vorbereitet: Sie hatten sich sorgfältig gewaschen und in ein weißes Totengewand gehüllt, ohne Taschen.

Es ist schwer vorstellbar, dass es Berührungspunkte zwischen ihrem Verhalten und dem von Menschen gibt, die sich in ihrer Kultur, ihrer Religion oder ihrer moralischen Einstellung unterscheiden, die das Leben und seine Möglichkeiten gar hemmungslos lieben. Wer hätte gedacht, dass es eine Verbindung zwischen einem arabischen Selbstmordattentäter und einem Soldaten aus den Abruzzen gibt? Und doch gibt es sie.

KAPITEL 2

Kein Leben in Reserve

Ja, es gibt eine Verbindung zwischen einem der Flugzeugentführer vom 11. September 2001 und einem anderen (mutmaßlichen) Mörder, der in Italien lebt und einen völlig anderen Hintergrund hat, den des Militärs. Der eine heißt Ziad Jarrah, der andere Salvatore Parolisi.

Ziad Jarrah ist 36 Jahre alt und stammt aus einer guten sunnitischen Familie. Als er Beirut verlässt und nach Hamburg geht, ist er lange Zeit einsam, bis er in der Moschee Zuflucht und Anschluss findet. Er lernt eine Frau türkischer Herkunft kennen, zieht mit ihr zusammen und schmiedet Hochzeitspläne. Am Abend des 10. September ruft er sie zum vorletzten Mal an. (Bei seinem letzten Anruf vom Flughafen Boston wird er nur dreimal »Ich liebe dich« sagen und auflegen.) Er erzählt ihr, die Verwandten im Libanon würden die Hochzeitsfeier vorbereiten, sein Vater würde ihnen einen Mercedes schenken. Sie sprechen über den Termin. Welchen Termin? Dieser Mann hat gerade sein Testament gemacht. Und ich nehme an, er weiß es. Es ist anders als bei mir in Korea: Er weiß, dass er am nächsten Tag wirklich sterben, dass er sich am Steuer eines Flugzeugs umbringen wird. Denn er wird United-Airlines-Flug 93 steuern, der als Einziger wegen einer Revolte der Passagiere und vielleicht aus anderen Gründen, die wir niemals erfahren werden, nichts ausrichten wird. Im Gespräch mit der Freundin wirkt er mindestens ebenso aufrichtig und überzeugt von der Zukunft, die sie sich gemeinsam ausmalen, wie er es bei der Niederschrift seines letzten Willens ist, dass er sich wenige Stunden später umbringen wird. Er hat *zwei Leben und nur einen Tod* vor sich, scheint sich darüber aber nicht im Klaren zu sein und packt alles ins Gepäck für die Reise ohne Wiederkehr.

Genau wie Major Parolisi, der wegen des wenige Tage vor Ostern, am 18. April 2011 begangenen Mordes an seiner Frau verurteilt wurde. Der Offizier unterhielt ein außereheliches Verhältnis zu einer jungen Frau namens Ludovica, der er versprochen hatte, die Familie zu verlassen. Für Ostern hatten sie einen Urlaub in Amalfi gebucht, wo er endlich ihre Eltern kennenlernen sollte. »Ich werde Ostern mit dir verbringen, und wenn die Welt zusammenbricht«, schrieb er ihr. Gleichzeitig organisierte er eine Reise mit Frau und Tochter zu den Schwiegereltern. Ostern 2011 ist sein 11. September – der Zeitpunkt, an dem zwei Leben und ein Tod zusammenlaufen (in diesem Fall nicht sein eigener, sondern der seiner Frau). Auch er wirkt in beiden Rollen aufrichtig und überzeugt, und wie Ziad Jarrah geht er so lange weiter, bis sich der Scheideweg zum Abgrund weitet. Beide machen einen Fehler beim Packen: Im Handgepäck ist kein Platz für zwei oder mehr Leben. Er reicht nur für eines – das Leben, das du hast.

Man kann und darf das Gewicht der Leben, die es nie gegeben hat oder nie geben wird, nicht mit sich herumtragen. Und doch passiert es. Du lebst in der Gegenwart der Geister deiner selbst. Mindestens einmal am Tag denkst du an das Testspiel, das du bei deiner Fußballmannschaft absolviert hast, und an deinen Vater, der dir auf dem Heimweg sagte, dass du es lieber vergessen solltest, dass es eine Illusion sei, und daran, dass du den Kopf senktest. Und siehst dich stattdessen, wie du den Pokal hochhältst. Du denkst an den Mann in der Ferne, mit dem du eine Woche in Kalifornien verbracht hast. Du nennst ihn »den amerikanischen Ehemann«, obwohl du ihn nie mehr gesehen hast. Denn für dich sind diese sieben Tage die wahre, die perfekte, die absolute Ehe deines Lebens. Du denkst an kleine, lebensverändernde Entscheidungen, die du irgendwann getroffen hast – und an die Richtungen, die du nicht eingeschlagen hast. Die du glaubst, nicht eingeschlagen zu haben, weshalb die ungelebten Leben dich gelebt haben. Sie haben Besitz von dir ergriffen, dich verzehrt. Sie waren ein immer wiederkehrender Traum, eine Fantasievorstellung und manchmal deine Zuflucht. Aber sie sind auch eine Gefahr, denn im schlimmsten Fall könntest du dich vor Neid auf diesen Menschen verzehren, der du nicht warst, vor Hass auf diesen anderen, der in dir lebt – aber eben nur dort. Um diese Last den Menschen an deiner Seite aufzuhalsen. Oder am Ende dir selbst.

Der britische Psychologe Adam Phillips wurde durch seine Veröffentlichungen zu einem Star der internationalen Psychoszene. Er analysierte diesen Zustand in einem Werk mit dem Titel *Missing out: In Praise of the Unlived Life* (dt. etwa »Verpasst. Lob des ungelebten Lebens«), den ich ins Gegenteil verkehren würde: *Du wirst nie ein anderes Leben haben als dieses. Finde dich damit ab und sei dankbar.*

James Hillman, ein anderer Star der Psychologie, hatte vor Jahren einen Welterfolg mit dem Buch *Charakter und Bestimmung*. Darin vertrat er die Theorie, jeder Mensch trage einen *Daimon*, eine nahezu einzigartige Berufung in sich. (Spitzensportler Michael Jordan spielte hervorragend Basketball, scheiterte aber im Baseball.) Er kann sie in sich suchen und niemals finden. Er kann sie zufällig entdecken. Hillman erzählt von einem farbigen Mädchen, das in Harlem bei einer Jahresabschlussveranstaltung als Tänzerin angekündigt auf eine Bühne stieg, den Moderator am Jackett zupfte und überraschend sagte: »Ich singe stattdessen.« Es war Ella Fitzgerald, die sich urplötzlich ihrer selbst bewusst war.[3]

Die Texte von Phillips und Hillman ergänzen sich. Wir laufen dem *Daimon* hinterher, beschwören ihn, aber können ihn oft nicht verkörpern. Dann *besteht er als Schatten, als Illusion, als Frustration in uns weiter*. Denn bei den Leben, die uns nicht gehören und die wir trotzdem leben, handelt es sich nicht um die Gefahren, denen wir entronnen sind, um die Misserfolge, die wir vermieden haben, um die Verbrechen, die ungestraft geblieben sind. Diese Dinge lassen wir mit einem Schulterzucken hinter uns, ein wenig wie der Augenarzt in *Verbrechen und andere Kleinigkeiten*, einem der schönsten Filme von Woody Allen. Er gibt den Mord an seiner aufdringlichen Geliebten in Auftrag, bleibt unentdeckt und stellt verblüfft fest, dass sein Leben einfach weitergeht, dass er immer weniger an seine Tat denkt, dass er sich nicht vorstellt, wie gegen ihn ermittelt wird und er ins Gefängnis kommt. Es sind vielmehr die entgangenen Freuden, die in unseren Träumen Wurzeln schlagen. Wie gehen wir damit um?

Die einfachste Lösung ist, sie weiterzuverfolgen. Es kommt – wenn auch nur selten – vor, dass die Drehtüren einmal um die eigene Achse rotieren und die verpasste Ausfahrt Jahre später noch einmal präsentiert wird. Ein Zahnarzt namens Ala Al-Aswani wird zum Bestsellerautor. Ein italienischer Komiker gründet eine politische Bewegung und gewinnt beinahe die Wahlen. Florentino Ariza findet Fermina Daza auf den letzten Seiten des Buches *Die Liebe in den Zeiten der Cholera* wieder.[4] Charles kommt mit Camilla zusammen. Die Ersatzleben rücken an die Stelle der ursprünglichen Leben, und der Motor schnurrt: Ja, wir fahren. Leicht. Schön. Und wenn es nicht passiert? Eine der häufigsten Pannen besteht darin, das Problem weiterzuvererben.

Jedes Leben ist einzigartig, auch in seinen ungelebten Aspekten. Und gerade, weil es das ist, kann es sich am Scheideweg – ob hierhin oder dorthin – nicht erlauben zu sagen: in beide Richtungen. Sich nicht zu entscheiden, führt in die Tragödie. Wie in den Fällen von Ziad Jarrah und Salvatore Parolisi. In der Einzigartigkeit des Lebens liegt keine Einschränkung, sondern seine Schönheit. Auf Reisen ist es eine heilige Pflicht, das »Ersatzleben« aus dem Gepäck zu nehmen. Zwei Leben und einen Tod kann es nicht geben: Am Ende geht die Rechnung immer auf.

Grenzen sind allgemein von Vorteil und beschneiden nicht die Möglichkeiten.

Wenn du beschließt, mit leichtem Gepäck zu reisen, brauchst du Regeln. Regeln machen das Leben nicht komplizierter – ganz im Gegenteil. Die politischen Strömungen, die wir üblicherweise mit den überstrapazierten Begriffen »rechts« und »links« bezeichnen, unterscheiden sich inzwischen weniger durch eine Theorie der Werte (nicht viele und – wie sie mehr oder weniger offen erklären – weitgehend die gleichen) als vielmehr durch einen unterschiedlichen Umgang mit der Komplexität der Gegenwart (und der unmittelbaren Zukunft). Die Rechte vereinfacht, die Linke interpretiert und erhöht damit die Komplexität, da sie eine Meta-komplexität erzeugt. Angesichts eines Wortes in einer fremden Sprache gibt die Rechte dir eine Übersetzung, die Linke eine Definition (in eben der Sprache, die du nicht sprichst). Dann wäre da noch die Religion, die dir sagt: Mach dir keine Gedanken über die Bedeutung, sie wird dir später offenbart. Beschränke dich fürs Erste darauf, das Wort zu bestimmten Zeiten auszusprechen. Streng genommen verlief auch die Geschichte der Religionen hin zu mehr Einfachheit: Als die Welt einfacher war, waren die Religionen komplexer. Angesichts der Komplexität der modernen Welt setzen sich Religionen von entwaffnender Einfachheit durch. Die zeitgenössische politische Praxis schätzt Regeln gering und betrachtet sie mit großem Argwohn (als Fesseln, Hindernisse). Doch wenn du sie akzeptierst (wie Angehörige einer Religion), wird dein Leben klarer und transparenter. Maximal fünf Kilogramm und mit den vorgeschriebenen Abmessungen, damit es in die am Check-in-Schalter eigens dafür aufgestellten Handgepäck-Lehren passt. Und in das, was in italienischen Flugzeugen hartnäckig als »Hutablage über den Sitzen« bezeichnet wird, obwohl dort niemand einen Hut verstauen würde – sofern er sich dessen nicht erst formal und dann inhaltlich entledigen möchte.

Wenn du nur eine begrenzte Anzahl von Kleidungsstücken mitnehmen darfst, denkst du an die unverzichtbaren, die vielseitigen oder austauschbaren Teile. Eine Wendejacke wird sich als wertvoll erweisen. Frauen greifen zum kleinen Schwarzen, das sich zusammenrollen lässt und »immer passt«. Man trifft eine Farbauswahl und entscheidet sich für die Schattierungen, die man am häufigsten trägt und leicht kombinieren kann. All das sind Metaphern für viele, für fast alle Beziehungen im Leben. Das Allernötigste. Der- oder dasjenige, was sich mühelos anpasst. Was dir wirklich gefällt. Bei einem großen Koffer neigt man dazu, einzupacken, »was reingeht«. Ins Handgepäck kommt, »was rein muss«. Bei vielen ist der Wunsch nach Vereinfachung unausgedrückt, beinahe unbewusst. Es ist kein Zufall, dass eine Studie über Menschen, die zum Islam konvertiert sind, folgendes Hauptmotiv zutage förderte: Sie sehnen sich nach einem einfacheren und geregelteren Leben. Wie die Hauptfigur des Romans *Monsieur Ibrahim und die Blumen des Koran* von Éric-Emmanuel Schmitt finden sie alle Antworten in dem heiligen Text.[5] Und verlieren morgens keine Zeit mehr vor dem Spiegel mit der Auswahl von Blusen, Röcken, Strümpfen und Schuhen: Rein in die einfarbige Tunika und los.

Das Handgepäck offenbart das Überflüssige. Wenn du zurückkommst und mit der Anzahl der Teile, Schnitte und Farben ausgekommen bist, dann bedeutet das, dass du im Grunde nicht brauchst, was in deiner Garderobe darüber hinausgeht. Was in deinem Leben darüber hinausgeht. Es gibt klare Regeln, wie man so wenig und so perfekt wie möglich packt, und es wird alles getan, um den Verdacht zu schüren, es handle sich dabei um verkappte philosophische Prinzipien. Nicht umsonst wurde Doug Dyment, der auf seiner Internetseite »One Bag« zeigt, wie man den perfekten Koffer packt, als »Go-Light Guru« (dt. etwa »Guru des Reisens mit leichtem Gepäck«) bezeichnet. Ich werde hier ohne jede Anmaßung, sondern im Gegenteil unter Zurückweisung aller ähnlichen Titel einige Betrachtungen aus seinen Empfehlungen ableiten. Die erste steckt bereits in den vorangegangenen Zeilen: *one life, one bag* (ein Leben, ein Gepäckstück).

Ich möchte ergänzen: Würdet ihr im Eingangsbereich eines Flughafens hundert Menschen aufhalten, die im Begriff sind abzureisen, fiele euch ein statistischer Zusammenhang, ein eindeutiges Verhältnis auf: *großer Reisender, kleines Gepäck.* Und umgekehrt. Die Erfahrung fügt hinzu, sie lehrt aber auch wegzunehmen. Sie verfeinert. Sie führt zum Kern, zum Allernötigsten. Danach gelten Dougs Regeln. Aber wie so oft muss ich zuerst eine Ausnahme machen.

KAPITEL 3

Die Metapher vom Matchbeutel

Im Sommer 2014 unternahm ich eine lange Reise quer durch Amerika: 7024 Kilometer. Gegenläufig zur geschichtlichen Entwicklung der USA brach ich an der Westküste auf und fuhr nach Osten. Die Strecke bildete beinahe eine gerade Linie, Abweichungen waren nicht vorgesehen: von Seattle nach New York, immer dem Kompass nach Richtung Osten. Abgesehen von einem Schlenker nach Norden, als ich längst in Wyoming war und nach Montana zurückkehrte, um mir das Schlachtfeld am Little Bighorn anzusehen, wo General Custer seine Truppen ins Verderben geführt hatte.

Es ist, als ließe die Straße das Geschehen erahnen: Felsen, Pflanzen und Bäche verschwinden, bis nur noch das trockene, tödliche und endlos flache Land bleibt. Hinweise gibt es erst auf den letzten Kilometern, die Schande aus Scham so gut wie möglich verborgen. Trotzdem ist eine Art Freizeitpark entstanden; wurde die Besichtigung mit einer kleinen Bahn unter der Führung einer amerikanischen Ureinwohnerin organisiert; wurden Gedenktafeln für die gefallenen Soldaten und – aus Gründen der politischen Korrektheit – auch eine Skulptur zur Erinnerung an die Toten unter denjenigen errichtet, deren ohne Namen global als »feindliche Indianer« gedacht wird. Das Ende ist allgemein bekannt: General Custer ging in eine Falle. Wie üblich griff er mit der immer gleichen unflexiblen Strategie ein Dorf von Lakota- und Cheyenne-Indianern an, möglicherweise ohne ihre zahlenmäßig erdrückende Überlegenheit zu würdigen. Ich schreibe »möglicherweise«, da ich hinter seiner Entscheidung weniger Leichtsinn als vielmehr eine Selbstmordabsicht vermute. Des Krieges müde ging er mit seinen Männern in den Tod, wie er gelebt hatte: mit verhängnisvollem Stolz, der häufig die Grenzen zur Arroganz überschritt. Die einem italienischen Trompeter anvertraute Nachricht an den Führer des anderen Zuges – *Beeilt euch* – hatte in Wirklichkeit schon keinen Absender mehr. Wie konnte er nicht wissen, dass er sterben würde? Und wenn er es wusste, wieso forderte er einerseits Hilfe an und marschierte andererseits seinem unausweichlichen Schicksal entgegen? Am Ort des letzten Widerstands wurde eine Tafel mit seinem Namen und den Namen der 41 Männer aufgestellt, die bei ihm waren. Um sich zu verteidigen, erschossen sie die Pferde und legten die Gewehre auf den Körpern der toten Tiere ab, die ihnen beim Zielen Deckung und Stütze gaben. Es gab keine Überlebenden.

Die Touristen lassen sich fotografieren und lächeln. Es sind Bilder, deren Sinn ich nicht verstehe. Ich gehe, denn es sind Spuren von Sinn, nach denen ich auf dieser langen Reise suche. Ich gehe zurück zum Wagen und öffne den Kofferraum. Ich betrachte den Inhalt und verstehe etwas Wichtiges über General Custer und mich selbst. Ich verstehe, warum er ins Verderben ging und wie ich dagegen versuche, *jede Art von Ruin zu vermeiden*. Die Erklärung befindet sich neben meinem Trolley. Einen Augenblick, ich komme gleich darauf. Aber zuvor möchte ich auf das Gepäck eingehen.

Das perfekte Gepäck erfüllt mehrere Voraussetzungen. Da wäre erstens das Gewicht. Lass dich nicht von der schönen Optik täuschen, lass dir kein teures Leder andrehen. Es gibt wunderschöne Koffer, die du stolz mit dir herumtragen wirst. Nur nicht im Flugzeug. Nicht, wenn du sie mit in die Kabine nehmen musst. Sie sind etwas für die Fahrt mit dem Zug, oder besser noch mit dem Auto, denn sie sind schwer. Warum solltest du eine schwere Tasche nehmen, wenn es eine Gewichtsgrenze gibt und du dich dann beim Inhalt noch weiter einschränken musst? Ist dir klar, dass du ein kleines und nicht sonderlich wertvolles Bild in einen riesengroßen und teuren Rahmen steckst? Hat das einen Sinn? Hat es einen Sinn, sich auf Unternehmungen einzulassen, die nicht der Mühe wert sind? Sind »wartungsintensive« Beziehungen sinnvoll? Darlehen in Höhe von neunzig Prozent des Immobilienwerts? Wie viele Leben wurden dadurch ruiniert? Wie viele Menschen haben mehr Koffer als Kleider, mehr Form als Inhalt, mehr Schein als Sein transportiert? War dies nicht eines der Übel des beginnenden dritten Jahrtausends, die Ursache für die großen und noch immer nicht ausgestandenen wirtschaftlichen und moralischen Krisen?

Das ideale Gepäckstück ist leicht, damit es so viele Kleidungsstücke, Kosmetikprodukte, Medikamente, Bücher, elektronische Geräte, Geschenke, Gefühle, Projekte und Erinnerungen wie möglich fasst. Es kommt nicht darauf an, wie es im geschlossenen Zustand aussieht, sondern wenn du es öffnest. Das gilt für das Haus, für das du dich entscheiden wirst. Es gilt für den Menschen, mit dem du die kommenden Jahre verbringen wirst.

Es kommt darauf an, dass man es bequem herumtragen kann. Dass es Griffe und Rollen hat, die nicht beim ersten Einsatz kaputtgehen. Dass es handlich und schnell ist. Es kommt darauf an, dass *dich nichts und niemand hält.* Warum solltest du Situationen oder Beziehungen akzeptieren, die von dir verlangen (oder dich zwingen), zu sein, was du nicht bist? Sei ein bewegliches Ziel, weißt du noch? Von einem wertvollen Objekt (ob Haus oder

Kunstwerk), das leicht weiterzuveräußern ist, sagt man: Es ist wie bares Geld. Du hast ein Recht darauf, zu zirkulieren, dich zu bewegen, zu wandeln, zu verändern. Heute bist du so, bist du hier. Morgen könntest du anders oder anderswo sein wollen. Und die Menschen und Dinge mitnehmen, auf die es ankommt. Oder dich von ihnen mitnehmen lassen, denn du darfst vor allem kein Ballast sein. Darum prüfe, aus welchem Material du gemacht bist, wie viel Platz du einnimmst, ob du zu viele Ansprüche, Schulden, Erwartungen, ungelöste Probleme hast.

Und wenn das Gepäckstück seine Funktion erfüllt hat, muss es sich kleinmachen, sich zusammenfalten lassen, so wenig Platz wie möglich beanspruchen. Wir alle haben unseren großen Auftritt, und danach müssen wir in den Schatten zurückkehren können, ohne Unnötiges zu verlangen; müssen wir uns zurückziehen und anderen gestatten können, für sich zu sein. Es kommt darauf an, dass man vorzutreten, aber auch zurückzutreten weiß.

Auch das Innere eines Gepäckstücks ist faszinierend und wichtig. Damit es zweckmäßig ist, braucht es Fächer und Reißverschlüsse.

Die Fächer weisen den Dingen einen festen Platz zu, sodass sie schneller auffindbar sind. Der Reißverschluss schützt sie und verbirgt sie vor den Blicken. Nicht alles muss zur Schau gestellt werden, aber alles muss auffindbar sein. Wir tragen alles irgendwo in uns. Es ist nicht weggesperrt, sondern von einem Verschluss geschützt. Und manchmal ist es gut, dass es einsatzbereit in seinem Fach wartet und wir es bei Bedarf herausnehmen können. Die Zurschaustellung von Besitz, Erfolgen, Talenten ist nicht nur abstoßend, sie ist auch kontraproduktiv. Das Licht lässt sie matt werden. Der Neid beschmutzt sie. Die Zeit verschleißt sie. Es ist umsichtig, sie mit geeigneten Hüllen zu schützen. Es ist sogar eine Form von Weisheit.

Geh Aufbewahrungssystemen nicht auf den Leim: Ihre Aufteilung wurde von anderen Köpfen ersonnen, benutze deinen eigenen. Der wahre Sieg besteht darin, Raum und Zeit zurückzuerobern.

Verwende keine Plastiktüten zum Schutz der Kleidungsstücke; damit kann man sich nur umbringen. Das Geheimnis ist, die Dinge ineinanderzuhüllen, zum Beispiel die Socken in die Schuhe zu stecken. Das Bündel hält alles am besten zusammen. Nach außen kommt das Kleidungsstück, das am weitesten und knautschfähigsten ist, dann folgen immer kleinere, und am Ende wird zugemacht. Erinnert das an irgendetwas? Ja, es erinnert an das Bündel, das die afrikanischen Frauen auf dem Kopf tragen. Ein jahrtausendealter Brauch, geheimes Wissen. Es erinnert aber auch an das Bündel am Stock des Wanderers im Comic oder des Kindes, das von zu Hause davonläuft. Es gibt nichts

Besseres als diese altehrwürdige Methode. Das Bündel der afrikanischen Frauen hüllt ein. Das ist bei Menschen nicht anders. Wer dich schützen will, umfängt dich, unterstützt dich.

Ich muss an Mauro denken. Er war älter als ich, der Sohn einer Cousine meiner Mutter. Er war eine der mythischen Gestalten meiner Jugend, weil er Politik machte, beim ersten privaten Radiosender Bolognas und Wehrdienstverweigerer war. In Afrika. Als er zurückkam, war er ein anderer Mensch und sprach ständig von dem Kontinent, der ihn – wie er sagte – geprägt hatte: »Dort lassen die Frauen ihre Kinder weder zu Hause noch in der Krippe. Sie nehmen sie mit, in ein Tuch gebunden, sogar wenn sie zum Wäschewaschen an den Fluss gehen. Sie tragen sie auf dem Rücken, lassen sie die Wärme ihrer Haut, ihre Gegenwart, ihre Liebe spüren.« Da jeder Mensch von dem getötet wird, was er liebt (nicht »tötet, was er liebt«, wie Oscar Wilde sagte)[6], wurde Mauro von Afrika getötet. Er heiratete eine Gazelle, eine Prinzessin aus Mali, und brachte sie nach Bologna. Sie bekamen eine Tochter, die sie Awa – »Morgendämmerung« – nannten. In den 1970er-Jahren starben sie einer nach dem anderen an AIDS, als die Krankheit noch nicht bekannt, geschweige denn heilbar war. Der »Go-Light Guru« warnt, dass *kein Bündel Knitterfalten oder andere Schäden verhindern kann*. Und auch dies sollte man sich stets vor

Augen halten: Keiner kann einen anderen vor allem und jedem schützen. Oft schlüpfen Schuldgefühle ins Gepäck und machen es unerträglich schwer, doch man muss sie wieder entfernen, sonst ist man blockiert und kommt nicht mehr weiter.

Die Reise und das Leben sind unberechenbar. Deshalb braucht man, nachdem der perfekte Plan ersonnen ist, eine Alternative. Da liegt er, in meinem Kofferraum: Plan B. Der Matchbeutel. Das, was General Custer fehlte. Es handelt sich um eine Falttasche, die man in ein Etui stecken kann, wenn sie leer ist, und die dann nicht mehr Platz braucht als ein T-Shirt (aber im Einsatz zwanzig davon fassen kann). Man kann mit der vollen Tasche anreisen und sie unterwegs leer machen, oder mit leerer Tasche anreisen und sie am Zielort mit Einkäufen füllen. So oder so verstößt sie gegen die Handgepäcksregel, aber nur zum Teil. Sie bietet gegebenenfalls einen Ausweg. Sie ist der aufs Gepäck angewandte Relativismus. Und diese Art zu sein und zu handeln kann sogar Leben retten. Wenn man immer einen Plan B hat, immer irgendwo flexibel bleibt, sich an die ungeplanten und noch nicht in der Theorie durchgespielten Entwicklungen anpasst, ist das nichts anderes, als sich neben den Notausgang zu setzen – bereit, im »unwahrscheinlichen Fall eines Druckverlust in der Kabine ...« in Aktion zu treten, wie die Stewardessen heruntersagen.

General Custer hatte keinen Matchbeutel. Er hatte nur eine Strategie, und immer die gleiche: Er griff den Feind von mehreren Seiten an. Obwohl er nur mit 200 Mann gegen mehrere Tausend Indianer antrat, bildete er mehrere Fronten und schwächte damit seine Kraft noch mehr. Da er nicht wusste, dass die andere Kolonne zurückgewichen war, griff er mit einer Schar von Männern an, deren zahlenmäßige Unterlegenheit ihr Schicksal besiegelte: Er hatte keine andere Strategie, keinen Plan B. Er konnte nur verlieren, ohne Möglichkeit auf Revanche.

Wenn der Matchbeutel nicht als zusätzliches Handgepäckstück durchgeht und aufgegeben werden muss, läuft man Gefahr, ihn nicht ankommen zu sehen und am entsprechenden Schalter geltend machen zu müssen. Aber ist es tatsächlich ein Unglück, wenn irgendetwas, wenn man selbst verloren geht? Oder eine Chance?

KAPITEL 4

Lost is found

Ich kenne Glauco seit dreißig Jahren, und alle drei bis vier Jahre kreuzen sich unsere Wege. In all dieser Zeit präsentierte er sich stets als die Zufriedenheit in Person und war wirklich jedes Mal runder. Er war glücklich verheiratet und hatte zwei Kinder, die erfolgreich studierten und sich auf glänzende Karrieren vorbereiteten. Er wohnte so nah am Meer, dass er die Brandung hören konnte. Er hatte eine »kleine, aber kampferprobte« Firma und war in seinem schmalen Sektor führend. Er trug maßgeschneiderte Anzüge. Er fuhr schnelle Autos. Er besaß auch andere ausgefallene Transportmittel. Er hatte drei Handys und sprach oft mit Persönlichkeiten, deren Namen man im Wirtschaftsteil der Zeitungen lesen konnte. Er machte Urlaub an exotischen Orten, schloss Darlehens- und Leasingverträge ab. Er hatte bei den Banken einen »Kreditrahmen«. Er schuf ein ineinander verschachteltes System, Briefkastenfirmen, Bad Company. Er hatte Erfolg. Er sagte, er hätte Glück, hätte es vielleicht sogar verdient, und sei zweifelsohne zufrieden.

Dann, im vergangenen Sommer, stürzte das Kartenhaus ein. Zuerst gingen die Kinder ins Ausland. Dann verließ ihn die Frau für einen Nachbarn. Und am Ende stellte sich heraus, dass das florierende Unternehmen ein Leck hatte. Oder zwei. Oder drei. Dass es unterging. Möglicherweise ruhte die ganze Konstruktion schon seit Längerem auf dem am weitesten verbreiteten, aber am wenigsten soliden aller Fundamente: der Illusion.

Glauco fand sich in einem anderen Leben wieder. Ohne die Familie. Ohne das Haus, wo er die Brandung hören konnte (es war an die Exfrau gegangen). Ohne die kleinen und großen Annehmlichkeiten. Die Firma gab es zwar noch, aber sie wurde aufgelöst. Es gelang ihm, sich als Insolvenzverwalter bestellen zu lassen, und zum ersten Mal seit fünfzig Jahren hielt er inne. Er mietete ein Einzimmerapartment weit weg vom Strand und stellte zwei Möbelstücke hinein, an denen er hing – eines davon ein Herrenfriseurstuhl. Dann begann er mit der Zerstückelung seiner Geschichte, was er sich schmerzhaft vorstellte. Es war nicht leicht, die Beschäftigten einen nach dem anderen zu entlassen, aber er tat es mit *Güte, Anteilnahme, Umarmungen.* Mehr als einer dankte ihm für die gemeinsame Zeit, das Abenteuer, die Erfolge der guten Zeiten. Am Ende stand er allein in einer

Halle. Er kündigte Strom, Gas und Kreditrahmen. Er blickte sich um und sah eine Flut von Dingen: Schreibtische, Computer, Bücherschränke, Bücher, Hausrat, Kaffeemaschinen, Kaffeepads, Körbe, Bilder. Er beschloss, sie nach und nach übers Internet zu verkaufen; sie den Käufern persönlich zu übergeben.

Eingedenk des literaturwissenschaftlichen Studiums, das er verraten hatte, um Geld zu verdienen, entschied er sich, Tagebuch über Gefühle und Begegnungen zu führen. Er schickt mir Auszüge davon. Die Prosa ist feierlich, zuweilen kraftvoll. Er schreibt Dinge wie: »Ich sammle die Stifte ein und sortiere sie nach Farben, berge das zuvor Verteilte. Ich durchsuche die Taschen, leere die Schubladen und entdecke zurückgelassene Bruchstücke des Lebens, hoffnungslose Lieben, erstickt zwischen den Akten. Ich lese die ernüchterte Liebeserklärung einer Praktikantin an ihren jungen Tutor an dem Tag, an dem sich ihre Zukunft nicht veränderte. Was nach dem Krieg bleibt, ist Krieg: verschwundene Körper, Erinnerungen, Stille. Eine Schublade für die Cutter, eine für die Textmarker. Ich zähle über dreißig stumme Heftgeräte und lege sie zu den Heftklammern. Ich trenne Kommoden und Körbe, rüste Schreibtische ab. Auch im Zusammensetzen der Leichen ist Liebe. Glaub nicht, mein Freund, dass all dies freudlos wäre. Das Leben wird wiedergeboren wie meine Orchidee, welche die Wintersonne findet und trotzig neu erblüht.«

Er hat alles verkauft, und jedes Stück schenkte ihm eine Geschichte. Ein Singhalese kaufte den Satellitenempfänger, um die Programme aus seiner Heimat sehen zu können, und kam mit anderen Landsleuten zur Halle: Der eine nahm eine Dose mit Stiften, der andere eine Lampe mit. Am Ende kochten und aßen sie alle miteinander. Es herrschte, so schrieb mir Glauco, eine festliche Atmosphäre. Das Fest der Wahrheit, endlich. Das Fest einer wiedergefundenen Einfachheit. Die Dinge machen sich auf, suchen sich ein neues Leben, und wenn wir ihnen folgen, finden es manchmal auch wir.

Ich habe ihn gefragt, was er zum Jahreswechsel macht. Er hat gesagt, er verbrächte ihn in Livorno. Zwei Wochen vorher war er hingefahren, um ein Fernsehgerät abzuliefern. Der Käufer entpuppte sich als freundliche, alleinstehende Dame. Er schloss das Gerät an und stellte den Decoder ein. Sie machte Kaffee. Sie haben sich schon einmal wiedergesehen, am Ufer eines Meeres jenseits des Meeres der Vergangenheit. Sie werden sich wieder treffen. Wenn es zu Ende scheint, beginnt es von Neuem.

Ich erzähle diese Geschichte, weil sie lehrt, dass ein Verlust eine Chance ist. Aber stattdessen hat man Angst, etwas oder sich selbst zu verlieren. Die Wörter »verlieren« und »verlaufen« sind in allen

Breiten tabu. Wir sind von Hinweisen, Verkehrs-
schildern, Navigationssystemen, Landkarten auf
dem Smartphone umgeben. Dann, eines Tages,
traf ich Tony Wheeler, den Gründer des Lonely-
Planet-Verlags, der die weltweit am weitesten verbreiteten Reiseführer verlegt, und hörte ihn sagen:
»Was ich suchte, fand ich meist, wenn ich mich
verlief.«

Als Kind verbrachte ich die Sommer mit der Familie in Rimini. Der Soundtrack der Tage unter dem
Sonnenschirm waren die Musik, die Sendungen
und vor allem die Lautsprecherdurchsagen von Pu-
blifono Radiomare. Regelmäßig wiederholten sich
Meldungen dieses Typs: »Wir suchen einen kleinen
Jungen namens Davide. Davide ist fünf Jahre alt,
blond und trägt eine blaue Badehose. Hinweise bitte an die Strandverwaltung in Zone 19.« Von da an
schlich sich die Sorge um den kleinen Davide ein.
Doch in mir, seinem Altersgenossen, keimte die
Hoffnung: dass Davide die Flucht gelungen war.
Ich stellte mir vor, er wäre ausgebrochen und würde von einer Meute Hunde verfolgt. Sie hießen Eltern, Pflicht und Zukunft. Er wollte für ewig und
alle Zeit frei am Strand leben, und sie wollten ihn
wieder einfangen. Ich glaubte nicht, dass er Angst
hatte: *Er hatte sich verirrt, er war frei.* Pünktlich
innerhalb der nächsten halben Stunde kam die umgekehrte Durchsage: »Der fünfjährige Davide wur-

de in Zone 24 gefunden. Er wartet bei der dortigen Strandverwaltung auf seine Eltern.« Die Flucht war zu Ende. Oder zumindest auf ein anderes Alter, einen anderen Abschnitt des Lebens verschoben. Manchmal bis auf unbestimmte Zeit. Oft kommt diese Zeit nie: weil wir sie fürchten. Für uns ist zu verlieren buchstäblich eine Niederlage.

Das Verlieren von Dingen ist überall auf der Welt verboten. In der Wüste Sinai hatte ich ein Buch bei mir, das ich ohne jede Begeisterung gelesen hatte. Am Ende meines Aufenthalts ließ ich es in dem Zimmer der Unterkunft zurück, wo ich zu Gast gewesen war. Ich stieg wieder in den Jeep und fuhr ins Nichts. Nach ein paar hundert Metern sah ich im Rückspiegel, wie eine Staubwolke aufstieg und näherkam. Ich bremste und blieb stehen. Es war ein Mann, ein Beduine. Er rannte auf mich zu, einen Arm nach oben gereckt. Er hatte ein Buch in der Hand. Atemlos holte er mich ein, verzog die Lippen zu einem Lächeln und reichte mir das Buch, das ich absichtlich zurückgelassen hatte. Ich musste ihm Trinkgeld geben und ihm dafür danken, dass er mir zurückgebracht hatte, was ich nicht mehr haben wollte.

Das Gleiche ist mir in einem italienischen Zug passiert. Ich hatte mir am Computer einen sehr schlechten Film angesehen, die DVD ausgeworfen, in die Hülle gesteckt und vor dem Aussteigen am Bahnhof Roma Termini auf dem Sitz liegen lassen.

Ich ging ein paar Schritte auf dem Bahnsteig, als ich aus dem Augenwinkel sah, wie ein Reisender durch die Waggons lief. Ich blieb stehen, der Mann holte mich ein und tauchte an einer der Türen auf. Auch er war atemlos wie der Beduine: »Das haben Sie vergessen«, sagte er und hielt mir die DVD hin. In seinem Fall entschied ich mich für die Wahrheit: »Vielen Dank, aber das war Absicht. Der Film hat mir nicht gefallen. Vielleicht sieht ihn sich ein anderer an und hat seine Freude daran.« Er starrte mich sprachlos an. Auf Überraschung folgte Missbilligung, als beleidige mein Handeln die Kultur, den Regisseur, die Schauspieler des Films. Er streckte den Arm noch etwas weiter aus, als wollte er sagen: Ändern Sie Ihre Meinung und nehmen Sie den Film zurück! Der Zug pfiff, die Tür schloss sich, ich rührte mich nicht. Der Mann trat zurück. Sein letzter Blick war bestürzt. Er sagte: »Dann sehe ich ihn mir eben an.« Mir wurde klar, dass ich als Kritiker nichts taugte.

Sich einer Sache zu entledigen, ist zu einer schwierigen Herausforderung geworden, und doch ist es nötig. Die Computer sind zwar (einstweilen) noch nicht so schlau wie wir, aber sie machen einen Reset, veranlassen regelmäßige Löschungen, *begrenzen Arbeits- und Festplattenspeicher.*

Bestimmt bist du wie viele andere schon einmal umgezogen. Wahrscheinlich hast du es als traumatisch empfunden. Du hast eine Reihe von Binsenweisheiten wiederholt (und ich habe Respekt vor Binsenweisheiten, denn sie sind überlieferte Erfahrung), beispielsweise: »Das Trauma eines Umzugs ist größer als das eines Todesfalls«, »Es zeigt dir, wie viele unnütze Sachen du hattest«, »Es ist ein Anlass, um sich von Dingen zu befreien, die man nicht mehr braucht«. Das heißt zusammengefasst: Der Umzug ist ein befreiendes Trauma. Nun, hier regt sich ein Zweifel: Weshalb müssen wir eine traumatische Erfahrung machen, um uns zu befreien? Ein Trauma wird häufig als Ursache verschiedener Wirkungen angeführt, darunter auch einiger positiver Entwicklungen. Zum Beispiel: »Seit dem Verlust meines Vaters (Mannes, Sohnes, Arbeit, Geldes) kenne ich den Wert der Dinge. Ich habe alles in die richtige Perspektive gerückt und weiß jetzt, was wirklich zählt.« Super. Aber war diese schmerzliche Erfahrung wirklich nötig, um zu diesen Schlussfolgerungen zu gelangen? Hätte es nicht genügt, die Augen zu schließen und nachzudenken? Wäre die Werteskala nicht auch vorher klar und deutlich gewesen? Muss man wirklich umziehen, um zu erkennen, dass die Hälfte der Kleidungsstücke genügt, dass Dutzende von Büchern, die man schon gelesen hat und noch nicht einmal sonderlich mag, die Regale verstellen? Muss man einen Menschen verlieren, um zugeben zu können, dass am Abend eine Umarmung mehr wert ist als ein Karrieresprung?

Trotzdem ist es so, ist es fast unvermeidlich so. Und damit wird der Verlust zur Notwendigkeit.

Als ich in Kairo lebte und der Zweite Golfkrieg tobte, fuhr ich ein paar Tage für eine Reportage nach Beirut. Ich fand die libanesische Hauptstadt interessanter als die ägyptische, und zwar in jeder Hinsicht – angefangen bei der Ästhetik, der Optik, der Architektur. Worin lag der Unterschied? Kairo bestand aus Schichten. In Kairo lagen Epochen, Steine, Vorstellungen und Körper übereinander. Nichts war verloren gegangen, alles war angehäuft worden. Kairo wurde *nie bombardiert*. Beirut ist der arabische Phönix des Mittelmeers: Von Zeit zu Zeit erhebt er sich aus der eigenen Asche, den Niederlagen, den Bombardierungen. Bei seiner Wiedergeburt passt er sich den jeweiligen Zeiten an und baut die Gegenwart nicht auf die Vergangenheit, sondern in die daneben entstandenen Räume. Das Extrembeispiel hierfür ist eine Stadt, die nur wenige Menschen besuchen oder nach ihrem Besuch lieben. Ich gehöre zu ihnen. Die Stadt heißt Rotterdam.

Ich lande mit einem Billigflieger von Fiumicino auf dem kleinen Flughafen. Er bringt Horden von jungen Italienern, deren Ziel das Amsterdamer Rotlichtviertel ist und der freie Marihuanakonsum. Irgendjemand hat ihnen eingeredet, dass dies das Land der Freiheit sei. Einer von ihnen hat kaum die Rollbahn betreten und steckt sich schon eine Zigarette an. Der Flughafenangestellte mit der orangefarbenen Jacke bedeutet ihm, sie auszumachen: Rauchen verboten. Er gehorcht verdutzt, wirft die Zigarette nach einem Zug auf den Boden und tritt sie aus. Der Mann in Orange geht zu ihm und fordert ihn auf, seinen Abfall aufzuheben.

Willkommen in der Stadt, die über sämtliche Gesetze verfügt und weiß, wann und wie sie für ihre Einhaltung sorgen muss. In der man Ermessensspielräume nutzt, wenn es angebracht ist, und nicht nach dem Zufallsprinzip. Willkommen in der europäischen Hauptstadt der Jugend, wo ein Drittel der Einwohner unter 28 Jahren alt ist. Wo Erasmus nicht nur ein Austauschprogramm, ein Ahnherr und eine Brücke, sondern auch ein Lebensstil ist. Offen für alle. Mit 160 verschiedenen Nationalitäten, die sich im größten Schmelztiegel dieses Kontinents tummeln, die Kälte vertreiben und Sprachen mischen, ohne ihre Persönlichkeit zu verlieren.

Vor allem aber willkommen in der Stadt, die es nicht gab und deshalb (neu) erfunden werden musste. Das Rotterdam, wie man es kannte, gibt es nicht mehr. Die Nazis haben es dem Erdboden gleichgemacht. Rotterdam ist die Hauptstadt des Hier und Jetzt. Es wurde geplant; es ist nicht gewachsen, wie es konnte, inmitten der Ruinen versunkener Zivilisationen, die nur den Vormarsch der U-Bahnen bremsen. Rotterdam, das sind perfekte Linien, an denen der Verkehr auf und unter den Straßen entlangläuft. Das ist eine Magie der Parkplätze, die zwar vorhanden, aber nicht zu sehen sind, weil sie – ja, die Parkplätze schon – unter dem Park, unter der Brücke begraben und nur von den Untergeschossen der Wolkenkratzer aus zu sehen sind, wo sie an die Stelle der Wohnungen treten, abgeschirmt von grünen Scheiben, die an *Matrix,* an ein alternatives Universum erinnern.

Rotterdam wurde wiedergeboren im Zeichen des Designs, der innovativen Architektur und eines barmherzigen Gedächtnisses. Die Stadt hätte sich weiter bemitleiden können, aber sie hat weitergemacht, ist der Unvermeidlichkeit der Zukunft weiter entgegengegangen: *Container und Wolkenkratzer, Glasfaserkabel und flexibles Denken.* Weltoffene Universitäten. Kommt zum Studieren, ihr jungen Leute aus Europa, Asien und Afrika – nicht, um auszuflippen. Dazu müsst ihr nach Amsterdam weiterfahren. Ich bleibe hier, weil ich versuchen will, die Wirkung eines barmherzigen Gedächtnisses zu verstehen, das die traumafreie Erinnerung erlaubt.

An einem strahlend schönen Nachmittag trinke ich einen Kaffee in der Bar des neuesten Boutique-Hotels, das im Hafenviertel eröffnet hat, dem Pincoffs. Die freundliche junge Dame an der Rezeption gibt mir eine Hotelbroschüre. Zwischen den Fotos der eleganten Zimmer befindet sich auch eines von der Statue Lodewijk Pincoffs, die auf dem Platz nebenan steht. Zu ihren Füßen ein Schild mit einer englischen Inschrift, die man etwa folgendermaßen übersetzen könnte: »Ein Anblick von so großem Ruhm und so großer Schande.« Bei der Lektüre seiner Biografie entdecke ich, dass dieser Pincoffs das jüngste von neun Kindern einer jüdischen Familie, Politiker, Journalist, Freimaurer, vor allem aber ein genialer Geschäftsmann war. Er gab den Anstoß zum Bau des Rotterdamer Hafens, indem er die erste Reederei der Stadt gründete, dann aber die Bilanzen fälschte, nach Amerika floh und dort starb, nachdem er sogar ein Zigarrengeschäft zugrunde gewirtschaftet hatte. Ich sehe die Rezeptionistin an und frage: »Warum tragt ihr den Namen eines Betrügers, und wie kommt es, dass ihr so stolz auf ihn seid?«

Sie schüttelt den blonden Kopf: »Halb Betrüger, halb Genie. Er hatte Schlechtes und Gutes in sich, so wie wir alle, nicht wahr?«

Von ihr stammt auch die Empfehlung, den Abend im Watt zu verbringen, der ersten umweltfreundlichen Öko-Disco Europas. Soll heißen: Je mehr die Leute tanzen, desto mehr Strom wird erzeugt. Unter der Tanzfläche befindet sich ein 200 000 Euro teurer elektromagnetischer Generator, der die Tanzschritte in Energie umwandelt. Oder zumindest umwandeln sollte. Solange ich auf der Tanzfläche bin, dominiert die Dunkelheit.

»Das macht nichts«, erklärt mir DJane Helene di Firenzi. »Diese Stadt befindet sich immer noch im Aufbau. Wenn du wiederkommst, wird sie anders sein, als du sie jetzt kennengelernt hast. Wenn sie dir deine Geschichte nehmen, tun sie dir damit nichts Schlimmes an, sondern geben dir die Möglichkeit, noch einmal von vorne anzufangen. Wie es hier geschehen ist. Rotterdam ist nicht fertig und wird es auch niemals sein. Es befindet sich ständig im Umbau.« So wie wir alle, nicht wahr?

Ich liebe Menschen und Städte mit Spuren, Narben und Prothesen, die durch das reinigende Feuer der Geschichte gegangen sind und von der Erfahrung gezeichnet wurden, ob sie etwas daraus gelernt haben oder nicht. Sie sind wieder da, sind wieder auf den Beinen, um uns etwas zu lehren. Was? Dass man etwas oder sogar alles verlieren und trotzdem weitermachen kann. Dass auch die längste Nacht zu Ende geht: Wenn es einmal so war, wird es wieder so sein. Die Belagerung von Sarajevo war die längste der Neuzeit mit über tausend Tagen, Massakern, Vergewaltigungen, Scharfschützen. Trotzdem ist die Stadt wieder da, nicht unbesiegt, nicht unbesiegbar, nicht stolz und doch wiedergeboren. Einfach noch am Leben. Mit Einschusslöchern in den Fassaden der frisch gestrichenen Häuser, Grabsteinen auf dem Hügel, Straßenbahnen mit gebrochenem Rückgrat. Sarajevo und Beirut – Bürgerkriegsüberlebende, deren

Zwilling unter den Bomben verloren ging. Wie New Orleans nach dem Hurrikan, wie Dresden, wie L'Aquila nach dem Erdbeben, wie Stalingrad (oder wie man die Stadt auch nennen will). Der Widerstand von Stalingrad, *Leben und Schicksal* von Wassili Grossman: Das Leben als Schicksal, trotz allem.

In einer Bar in Soho, die ich regelmäßig besuchte, weil eine New Yorker Großstadtlegende besagte, dass Bruce Springsteen dort Billard spielte (ich habe ihn nie gesehen), verwickelten mich zwei Frauen, die größer waren als ich, in ein Gespräch. Wie es mir in Unterhaltungen mit Ausländern zuweilen passiert, verriet ich ihnen ein paar Dinge über mich. Eine der beiden bemerkte: »Hey, the kid has been to Beirut!« – der Junge ist in Beirut gewesen.

Ja, aber lange bevor ich dort wohnte. Du erkennst die Menschen, die »in Beirut gewesen sind«: an der Haltung der Ellenbogen, den stummen Erwiderungen, dem Blick von der Seite. Sie sitzen ganz hinten und behalten die Tür und die Eintretenden im Auge. Neil Young sang in seinem Lied *The Loner*: »Er arrangiert seine Gefühle und ändert seine Art zu sprechen. Er beobachtet dich, bis er weiß, wer du bist. Wenn du allein an deiner Haltestelle aussteigst, wird er wissen, dass es dich gibt. Nichts kann ihn befreien.«

Der Einzelgänger »ist in Beirut gewesen«. Dies ist eine Art zu leben, nachdem der Tsunami vorübergezogen, nachdem der Krieg zu Ende ist – nach dem überraschenden Fluch des Überlebens. Vielen, fast allen ergeht es so. Sie werden daraufhin klüger oder dümmer. Nicht alle schaffen es. Diejenigen, die es schaffen, sind in der Tat ein besonderer Schlag. Ich liebe die *Menschen, die ihr Comeback feiern.*

Als ich an einem Morgen im Herbst zum Zahnarzt ging, stieß ich auf den Neuesten von ihnen. Ich war seit drei Jahren nicht mehr bei Doktor A. gewesen, hatte in der Zwischenzeit in einer anderen Stadt gelebt und war zu einem anderen Arzt gegangen. Ich entsinne mich, dass er beim letzten Mal in Sorge um seinen Sohn gewesen war. Der 17-Jährige hatte einen schweren Motorradunfall gehabt. Ich frage, ob er sich erholt hat.

Er antwortet: »Er kann den rechten Arm nicht mehr bewegen. Der ist gelähmt.«

Auch ich verkrampfe mich. Aber Doktor A. fährt fort: »Er hat es gut verkraftet. Er schwimmt jetzt. Paralympisch, weißt du. Hätte sich fast für die Europameisterschaften qualifiziert. Auf jeden Fall hat er viele Wettkämpfe gewonnen. Er macht alles: Das Auto steuert er mit einem Lenkradknauf, und er sagt, das wäre besser als normal, man wäre freier. Er ist auch wieder Motorrad gefahren, auf einer Spezialstrecke mit einer dieser umgebauten Maschinen, die alle Bedienelemente links in einem einzigen Block haben. Aber ich glaube, es hat ihm nicht mehr so viel Spaß gemacht wie früher, und er hat wieder aufgehört. Er sagt da einen Satz, bei dem ich immer Gänsehaut bekomme. Er sagt: Ich denke nie an das, was nicht mehr geht, sondern an die vielen Dinge, die ich noch machen kann. Ich habe viel von ihm gelernt. Letztendlich auch, all das zu erzählen, ohne emotional zu werden. Und jetzt ziehe ich dir deinen Zahn. Wenn es wehtut, gib mir ein Zeichen.«

Wenn ich jetzt jammere, weil ich bei örtlicher Betäubung einen Zahn gezogen bekomme, verdiene ich den Zahnarzt aus dem Film *Der Marathon-Mann*, den Nazi-Folterknecht. Nicht diesen Meisterdieb, der sich in meinem Mund bewegt, ohne Spuren zu hinterlassen, ohne irgendetwas zu verletzen, am wenigsten die Empfindsamkeit.

Während er vorsichtig und lautlos arbeitet, schließe ich die Augen und stelle mir ein paar Szenen vor. Die erste zeigt den Rennfahrer Alessandro »Alex« Zanardi, der bei einem Unfall in Deutschland beide Beine verloren hat. Ich sehe ihn, wie er in Sekundenschnelle die Prothesen ab- und wieder anlegt, um mir zu zeigen, wie leicht das ist, zumindest für ihn. Ich höre ihn, als er meinen betroffenen Blick sieht und sagt: »Es gibt schlimmeren Mist im Leben!« In einer anderen Szene sehe ich den jungen B., für den ich die Texte juristischer Lehrbücher für seine Prüfungen aufnahm. Er war im Alter von acht Jahren erblindet. Sein Augenlicht war nach und nach erloschen. Früher war er ein Wunderkind am Klavier gewesen. Einmal sah ich beim Gehen in einem anderen Zimmer als dem, in dem wir über Vorschriften und Abgaben sprachen, einen großen Flügel stehen. Ich weiß wirklich nicht, wie er das gemacht hat, aber er erahnte meinen Blick. Er sagte: »Ich spiele nicht mehr. Auch wenn meine Eltern den Flügel behalten haben. Ich werde nie mehr spielen. Es gibt Dinge, die ich davor getan habe, und es gibt Dinge, die ich danach getan habe, tue und noch tun werde. Es ist eine andere Art zu leben: Mir fehlt nichts.«

Die letzte Szene zeigt den Superhelden meiner Kindheit aus meiner bebilderten Kinderbibel: Hiob, dem Satan die erste Krankheit schickt, ein Geschwür von den Fußsohlen bis zum Scheitel, damit er sich von Gott abwendet. Seine Frau sieht, wie er auf einem Abfallhaufen sitzt und sich kratzt, und sagt zu ihm: »Hältst du noch fest an deiner Frömmigkeit? Sage Gott ab und stirb!« Er aber erwidert: »Du redest, wie die närrischen Weiber reden! Haben wir Gutes empfangen von Gott und sollten das Böse nicht auch annehmen?«[7]

Mit dem Ende meiner Kindheit verlor ich dieses Buch und den Glauben. Aber Hiobs elftes Gebot vergaß ich nie: Du sollst nicht klagen. Das ist leichter gesagt als getan, trotzdem haben wir keine andere Wahl, da das Universum so verfährt. Jeden Augenblick, auch jetzt, auch in eurem Umfeld, enden

Liebesbeziehungen, bröckeln Vermögen, werden unverzichtbare Existenzen ausgelöscht und entflammen gleichzeitig neue Leidenschaften, wächst neuer Reichtum, erblühen wunderbare Leben. Und es geht weiter. Wie ein 17-Jähriger bei der Ausfahrt aus der schwierigsten Kurve seines Lebens erkannte: Es zählt nur das, was noch sein kann.

Das ist wichtig, merk es dir. Schreib es nicht auf und unterstreiche es nicht: Merk es dir. Oder vergiss. Schlag ein neues Kapitel auf.

KAPITEL 5

Erinnere dich daran,
dich nicht zu erinnern

Die letzte gemeinsame glückliche Erinnerung ist ein Konzert von Lucio Dalla und Francesco De Gregori im Fußballstadion von Bologna. Der erste Auftritt war wegen Regens verschoben worden, das war ein wenig bitter gewesen. Aber wir bekamen noch eine Chance und gingen wieder hin, alle drei: R., mein bester Freund aus dem Gymnasium, seine Freundin S. und ich. Dalla und De Gregori hatten zusammen ein Album namens *Banana Republic* aufgenommen, und so hieß auch die Tournee. So gut wie jeder kennt das Lied *Ma come fanno i marinai*, aber ich mochte das Stück lieber, das dem Album seinen Namen gegeben hatte, auch wenn es Jahre später mit einer Modekette in Verbindung gebracht werden sollte. Ich wusste weder, dass es die italienische Coverversion eines berühmten Titels war, noch dass sogar die chilenische Musikgruppe Inti-Illimani es aufgenommen hatte. Ich sehnte mich danach, im Ausland zu leben, zwischen Tanzlokalen und Rum. Es war das Jahr des Abiturs, und wie alle anderen träumten wir davon, weit fortzugehen. Stattdessen verließen wir das Konzert und »durchquerten zu Fuß die Nacht, um der Melancholie ein Schnippchen zu schlagen« (Liedzeile aus »Banana Republic«, Anm. d. Übers.). S. starb mit 19 Jahren an Lungenkrebs, ohne eine einzige Zigarette geraucht zu haben. Ich weiß noch genau, was in den wenigen Jahren geschah, die folgten. Ich sehe auch jetzt noch deutlich vor mir, wie R. an einem Nachmittag im Herbst um kurz nach zwei Uhr mit einer Rose in der Hand ins Krankenhaus kommt, um das Ende mit einem letzten Geschenk zu besiegeln. Wir waren 22 Jahre alt, wussten noch so gut wie nichts, klauten Bücher bei Feltrinelli, studierten Jura und Medizin, waren Fans des FC Bologna, ich mochte De Gregori, er Dalla lieber, und als wir uns verliebten, dachten wir, es wäre für immer. Das Leben war in völliger Dissonanz. Was ich damit sagen will: Wir waren unvorbereitet, aber wir mussten schnell erwachsen werden.

Ich möchte auf folgende Erinnerung hinaus: Einige Zeit nach dem Nachmittag der Rose gingen wir durch die Arkaden, die zu unserem ehemaligen Gymnasium führten. Es war Winter, ich trug einen blauen Mantel, R. einen blauen Parka. Wir unternahmen lange Spaziergänge und unterhielten uns, fast immer über Sport.

Mit einem Mal wurde er langsamer und sagte: »Weißt du, am Anfang hebst du alles auf. Du hältst alles für unentbehrlich. Wirklich alles. Ein gelber Bleistiftstummel erinnert dich an einen Abend, an dem ihr gemeinsam Dinge in einem Philosophiebuch unterstrichen habt. Du behältst ihn, schaust ihn an und denkst, es wäre eine Sünde oder – noch schlimmer – Verrat, ihn wegzuwerfen.«

Er schwieg eine Weile, während wir weitergingen. Ich wartete ab, ohne ihn zu drängen.

»Dann«, fuhr er fort, »dann … ganz allmählich verstehst du, dass du nichts brauchst, dass es tatsächlich ohne alle diese Dinge geht, ohne die Kinokarten, ohne die Platten, sogar ohne die Fotos. Zuletzt kommen die Briefe: Du schließt sie in eine Schublade. Vielleicht sperrst du sogar ab. Die anderen Sachen wirfst du nicht weg, du lässt sie vielmehr los. Du benutzt den Bleistift, bis er aufgebraucht ist, verlierst die Karte … Du verstehst, dass nur das Archiv in deinem Kopf zählt: Da ist alles drin, für alle Zeit. Und an diesem Punkt fragst du dich: Ist das ein Segen … oder ein Fluch?«

Alles, was zählt, befindet sich in deinem Kopf.

Bei der journalistischen Arbeit tue ich etwas, das viele sprachlos macht. Ich mache weder Aufnahmen noch Notizen von Interviews. Ich rede, ich höre zu. Vor allem glaube ich, dass meine Gesprächspartner sich wohler fühlen (auch wenn häufig nach einer Weile die Frage kommt: »Und wann beginnt das Interview?«). Erst, wenn ich wieder zu Hause oder im Hotel bin, schlage ich ein Notizbuch auf und schreibe einzelne Wörter auf – eines für jedes Konzept oder jeden Satz, den ich wiedergeben möchte. Ich verlasse mich darauf, dass mein Gedächtnis die Auswahl trifft: Was nicht hängen bleibt, ist offensichtlich nicht berichtenswert. Ich habe Trost in einem Modell gefunden.

In seinem denkwürdigen (das Adjektiv ist kein Zufall) Buch *Il più mancino dei tiri* schreibt Edmondo Berselli: »Ich behaupte, im Leben zählt nur die Erinnerung. Erinnerung im Sinne eines erlebten und gelebten Lebens ... eines Gesellschaftsspiels, der individuellen und kollektiven Rekonstruktion von Namen, Ereignissen, Zeiträumen, Kinderreimen, Liedern, Mannschaften ...«

Nieder mit Wikipedia! Hoch lebe Fernand Braudel! Wie Berselli uns erinnert (das Verb ist kein Zufall), schrieb der französische Historiker eines seiner wichtigsten Werke *Das Mittelmeer und die mediterrane Welt in der Epoche Philipps II.* im Zweiten Weltkrieg in einer Gefängnisbaracke aus dem Gedächtnis, ohne eine Quelle oder ein Dokument zurate ziehen zu können. Irrt er sich manchmal? Irren denn nicht auch die Archive? Wenn ihr dort eine Meldung, nicht aber auch das Dementi findet (na los, versucht es), habt ihr nur eine Halbwahrheit oder, noch schlimmer, die Unwahrheit.

Da ist es besser, sich auf das eigene Gedächtnis zu verlassen und es fit zu halten: Es ist ein unersetzlich wertvoller Verbündeter, aber vor allem ist es das einzig wirklich unentbehrliche Gefäß.

Üblicherweise passt sich die Technologie dem Fortschritt der Menschheit an, um ihre Bedürfnisse zu befriedigen. Sie bringt uns immer schneller immer weiter. Sie macht unser Leben immer länger und sicherer. Aber seit einiger Zeit gibt die Technologie den Weg vor: Sie birgt immer mehr auf immer kleinerem Raum. Seht euch nur die Entwicklung des Apple-Konzerns an, der in dieser Phase der Geschichte innovativ führend ist. Diese Leute haben die Abmessungen des Computerbildschirms verändert, ihn zu einem Tablet verkleinert, 10 000 Lieder auf einen iPod gespielt und dann alles zusammen in ein einziges Gerät gepackt, das iPhone – Multitasking für die Hosentasche, das außer Strom nur eines braucht: Speicher. *Riesige Speicher auf kleinstem Raum.* Speicher, die sich selbst genügen: Die enthaltenen Daten ersetzen Enzyklopädien, Plattensammlungen, Videotheken. Alles im Speicher. Der Hinweis ist sonnenklar. Brauchst du wirklich ein »souvenir pour souvenir«? Ein Erinnerungsstück, um dich zu erinnern?

Das Leben ist nicht, wie es wirklich war, sondern woran wir uns erinnern. Nicht, indem wir es verklären, sondern indem wir seine Last begrenzen, es vereinfachen. Du hast das Spiel nicht gesehen? Es genügen die Highlights, die wichtigsten Aktionen, um dir einen Eindruck davon zu verschaffen. Das Gedächtnis trifft automatisch eine Auswahl: Ohne mühsame Entscheidungen, ohne auch nur den Hauch des Bedauerns liefert es eine »Best of«-Auswahl, die »Top Ten«. Auf dein Gedächtnis kannst du mehr vertrauen als auf dein Urteil.

Verlass dich auf deine Erinnerung. Und dann – na, los doch –, dann strengst du dich noch einmal an und schießt darauf. Nicht direkt aufs Herz, sondern hier und da. Durchlöchre sie. Wenn man sich an alles erinnert, ist das nicht nur sehr mühsam, sondern auch eine unerträgliche Last. Aber man kann sie begrenzen. Manchmal geschieht das ganz automatisch. Im Februar 2015 passierten zwei Dinge. Da gelangte die Geschichte eines Arztes an die Öffentlichkeit, den sie »den Vergesslichen von Codogno« nannten. Er hatte im Jahr 2013 einen Unfall erlitten, und als er wieder aufgewacht war, war er der Überzeugung gewesen, im Jahr 2001 zu leben. Von den zwölf Jahren dazwischen fehlte jede Spur. Angehörige und Freunde stellten nachträgliche Erinnerungen zusammen, eine Art Lehrbuch zur Geschichte der Welt und über sich selbst, das nur das Beste enthielt und es ihm ersparte, die schlimmsten und schwersten Erinnerungen mit sich herumzutragen. Beinahe zeitgleich geriet

Formel-1-Pilot Fernando Alonso bei einer Test-
fahrt aus rätselhaften Gründen ins Schlingern
und krachte in eine Streckenmauer. Im anschlie-
ßenden Mediengezwitscher hieß es, auch er habe
beim Erwachen das eigene Leben zurückdatiert
und sogar mit den Worten begonnen: »Ich hei-
ße Fernando, fahre Kart und mein Traum ist es,
in die Formel 1 zu kommen.« Wer hätte glückli-
cher sein können als er? Weil ihm das Gedächtnis
einen Streich spielte, wünschte er sich, was er bereits besaß.

Dagegen erschreckt uns die Vorstellung, unsere
Erinnerungen zu verlieren. Wir betrachten sie
als ein »Vermögen«, das wir nicht verschleudern
dürfen. Die Technik hat uns gelehrt, sie durch Di-
gitalisierung zu schützen. Wir pferchen Dokumen-
te und Schriftstücke in elektronische Dateien
und verwahren sie auf dem Computer oder in der
Cloud – Wolken in unsichtbaren Himmeln, die sie
entmaterialisieren. Wir vertrauen ausgewählte
Texte, Musikstücke und Bilder transportablen Da-
tenträgern an, aus denen wir sie mit einer einfachen Fingerbewegung wieder herausfischen können. Aber aufgepasst: Auch diese Datenträger sind
nur Gegenstände und können verloren gehen. Sogar die »Wolke« kann auf die gleiche rätselhafte
Weise wieder verschwinden, wie sie gekommen ist.
Der Vorfall erscheint anfangs traumatisch und
stürzt uns in Verzweiflung, als seien Teile unserer

Existenz ausgelöscht worden. In Wirklichkeit ist unsere Existenz das, was wir gerade erleben. Das bereits Erlebte ist ihre Geschichte. Wir tanzen auf dem Drahtseil und müssen immer nach vorne schauen. Solange wir leben, können wir unser Universum und damit auch unsere »Wolke« neu erschaffen. Statt einen gespeicherten Film noch einmal anzuschauen oder ein gespeichertes Musikstück noch einmal anzuhören, können wir noch einmal danach suchen. Wie viel größer wird unsere Freude sein, wenn wir das Gesuchte wiederfinden!

Nimm einmal an, du möchtest einen Satz in einem Buch nachlesen. Wenn du die E-Book-Ausgabe besitzt, musst du nur die Suchfunktion mit einem Schlüsselwort aktivieren, und schon bist du am Ziel. Besitzt du dagegen das gedruckte Buch ohne Unterstreichungen auf den Seiten oder »Eselsohren«, wirst du es durchblättern müssen und dabei auch andere Sätze noch einmal lesen, dich neu in Passagen verlieben, die dir nicht aufgefallen waren, und am Ende die gesuchte Stelle wiederfinden. Aber du wirst einen Weg zurückgelegt haben. Die Welt ist wie dieses Buch, mit Chancen, Tücken und Zielen. Und solltest du es verlieren, dann versuche dich zu erinnern. Das Zitat wird nicht genau stimmen, aber es wird beinhalten, was dir von dem Satz im Gedächtnis geblieben ist. Man kann die Erinnerung – auch die digitale – verlieren, wiedererlangen, durch eine neue Auswahl ersetzen. Und damit sogar verbessern.

Oder fälschen. Der Krieg der Identitäten ist ausschließlich im Beharren auf widersprüchlichen Erinnerungen, Neuschreibungen der Geschichte, der Notwendigkeit gebeugten Vergangenheiten begründet. Milan Kundera sagt es in seinem *Buch vom Lachen und Vergessen* sehr schön: »Die Menschen schreien, dass sie eine bessere Zukunft erbauen wollen, aber das ist nicht wahr. Die Zukunft ist eine gleichgültige Leere, die niemanden interessiert, während die Vergangenheit von Leben erfüllt ist und uns mit ihrem Gesicht reizt, erzürnt und beleidigt, sodass wir sie zerstören oder übermalen möchten. Die Menschen wollen die Herren der Zukunft sein, um die Vergangenheit verändern zu können. Sie kämpfen um den Zugang zu den Labors, in denen die Fotografien retuschiert und die Biografien und die Geschichte umgeschrieben werden.«[8]

Die Geschichte, die man uns präsentiert, ist nicht vertrauenswürdig, weil keine Erinnerung es ist.

Die sorgfältig von uns bewahrten Kleinodien sind oft nicht echt, sondern Neufassungen unserer Autobiografie. Und auch, wenn dem nicht so wäre: *Es tut weh, sich an alles zu erinnern.*

Es gibt einen literarischen Archetyp: Funes, den Mann mit dem unerbittlichen Gedächtnis, eine

Figur aus der gleichnamigen Erzählung von Jorge Luis Borges, die in seiner Kurzgeschichtensammlung *Fiktionen* zu finden ist.[9] Der Autor begegnet ihm zum ersten Mal in der kleinen Stadt Fray Bentos »in einer Abenddämmerung im März oder Februar des Jahres 84.« Im Folgenden erhält er einen Brief, in dem sich der andere sehr viel genauer an jenes leider nur flüchtige Zusammentreffen »am siebenten« Februar des Jahres vierundachtzig« erinnert. Der junge Funes hatte zwischenzeitlich einen Unfall und ist nach einem Sturz vom Pferd gelähmt. In dem Brief bittet er den Erzähler, ihm eines der lateinischen Bücher zu leihen, die dieser sich hat schicken lassen, sowie ein Wörterbuch »zum besseren Verständnis des Originaltextes, da ich des Lateinischen noch nicht mächtig bin«. Erstaunt über die Vermessenheit, einen Text in einer unbekannten Sprache in Angriff nehmen zu wollen, entspricht der Erzähler seiner Bitte. Als er nach Buenos Aires zurückgerufen wird, begibt er sich zu Funes, um die beiden Bücher abzuholen, und trifft ihn im Dunkeln an, wie er etwas in der lateinischen Sprache deklamiert, die er inzwischen beherrscht: Der Sturz vom Pferd hat seine Wahrnehmung und sein Gedächtnis unfehlbar gemacht.

Borges schreibt: »Er kannte genau die Formen der südlichen Wolken des Sonnenaufgangs vom 30. April 1882 und vermochte sie in der Erinnerung mit der Maserung auf einem Pergamentband

zu vergleichen, den er nur ein einziges Mal ange-
schaut hatte, und mit den Linien der Gischt, die
ein Ruder auf dem Rio Negro am Vorabend des
Quebracho-Gefechtes aufgewühlt hatte.«

Er lässt Funes sagen: »Ich allein habe mehr Erinnerungen, als alle Menschen zusammen je gehabt haben, solange die Welt besteht.« Vor allem
aber: »Mein Gedächtnis, Herr, ist wie eine Abfall-
tonne.«

Wo es, so viel ist klar, doch ein gepflegter Garten
ohne Unkraut sein sollte.

Was für eine Gabe ist Funes da zuteil geworden?
Noch einmal Borges: »Funes unterschied ständig
die ruhigen Vorgänge der Verwesung, der Fäul-
nis, des Leidens. Er bemerkte die Fortschritte des
Todes, der Feuchtigkeit … (Ich wiederhole, dass
die unbedeutendste seiner Erinnerungen genauer
oder lebendiger war als für uns die Wahrnehmung
eines physischen Lustgefühls oder einer physischen Qual.)« Als der Erzähler ihn schließlich im
zaghaften Licht der Morgendämmerung sieht,
»monumental wie Erz, älter als Ägypten«, denkt
er, »dass jedes meiner Worte (jede meiner Bewe-
gungen) in seinem unerbittlichen Gedächtnis fort-
dauern würde«. Und erstarrt.

In der letzten Zeile teilt er uns mit, dass Funes
in Kürze mit 21 Jahren sterben wird. An einer
Lungenblutung. Vermutlich auch vor Erschöp-
fung. Ein 21 Jahre langes Leben, an das man sich

Augenblick für Augenblick in allen Einzelheiten erinnert, hat zugleich einen sehr viel höheren Wert an Jahren. Es verzehrt, und am Ende tötet es.

Von Funes mit dem unerbittlichen Gedächtnis gibt es viele Reinkarnationen.

Zum Beispiel Jill Price aus Kalifornien oder Brad Williams aus Wisconsin. Beide können sich an alles erinnern. Man muss ihnen nur ein Datum nennen, und sie können genaue Ereignisse abrufen, die sich an diesem Tag in ihrem Leben zugetragen haben, als wären es Nachrichten, die Geschichte geschrieben haben. Beide wurden vom Neurobiologen Dr. James McGaugh unter Beobachtung gestellt und bestanden alle Tests absolut fehlerfrei. McGaugh prägte einen Begriff für ihren Zustand: hyperthymestisches Syndrom. Dennoch gibt es zwischen den beiden einen grundlegenden Unterschied: Während es Brad Williams nicht im Geringsten stört, die Vergangenheit im Schlepptau zu haben, ist es für Jill Price eine enorme Belastung. Sie kann die Vorstellung nicht ertragen, immer wieder zu sehen, wie das eigene Leben vollständig und lückenlos vor ihrem inneren Auge abläuft. Die Wiedergabe des eigenen Lebens *im Maßstab 1:1* muss extrem platzraubend sein. Ich sehe das genau wie sie. Wie kann Brad Williams da unbeschwert weiterleben?

Ein gewisser Gordon Bell begann im Jahr 2001, mit künstlichen Mitteln ein solches Gedächtnis zu erwerben. Er beteiligte sich am Projekt MyLifeBits und lief mit einem Gerät herum, das Minute für Minute die Umgebung fotografiert, das Licht und Schatten, Temperatur und Position aufzeichnet. Damit alles archiviert und eines Tages rekonstruiert werden kann. Doch wozu?

Ich halte die Funktion und den Wert der Erinnerungen für überschätzt. Aber Achtung: Ich sage nicht, dass wir den Internationalen Tag des Gedenkens an die Opfer des Holocaust abschaffen sollen, sondern dass es nicht nötig ist, sich an jeden einzelnen Tag zu erinnern.

Als ich im Libanon lebte, unterzog ich mich einer Psychoanalyse bei einem Psychologen, der an der amerikanischen Universität von Beirut unterrichtete. Den Ausschlag gab, dass ich mich mit ihm auf Englisch, statt in meiner eigenen Sprache unterhalten und damit eine Distanz zwischen mir und meiner Geschichte herstellen konnte, so als spräche ich von einem anderen.

Viel später entdeckte ich, dass ich mit dieser Entscheidung nicht allein war. Ich befand mich in New York und sah mir ein Theaterstück über das Leben von Simon Wiesenthal an – den Holocaust-Überlebenden, der sein ganzes weiteres Leben der Nazijagd widmete. Der Schauspieler (und gleichzeitige Autor) des Einpersonenstücks blieb noch, um Fragen aus dem Publikum zu beantworten. Jemand wollte wissen, ob er mit Überlebenden der

Konzentrationslager gesprochen und welchen Eindruck er dabei gewonnen hätte. Tom Dugan, so hieß der Mann, bejahte und sagte, er habe sie beim Erzählen als kühl, beinahe mechanisch empfunden. Ein Mann neben mir mischte sich ein: »Weil sie auf Englisch, nicht auf Deutsch oder Polnisch erzählt haben. Hätten sie ihre Muttersprache gesprochen, so wie damals, als die Dinge passiert sind, hätten sie alles noch einmal durchlebt und ...« Er brach ab, von Ergriffenheit überwältigt.

Bei einer unserer ersten Begegnungen fragte der Beiruter Psychologe nach meiner allerersten Erinnerung.

Ich antwortete: »Wie ich eine Vase kaputt mache, die auf einer Konsole im Flur steht, und meine Mutter böse wird.«

Dies schien ihm eine folgenschwere Enthüllung: »Deine erste Erinnerung ist, wie deine Mutter böse auf dich ist?«

Ich bejahte seine Frage, hätte sie aber lieber verneint: Meine erste Erinnerung sind die Dudelsackpfeifer unter den Arkaden von Santa Lucia, das Tor des dänischen Mittelstürmers Nielsen im Auswärtsspiel gegen Florenz, wie die Kessler-Zwillinge vom Himmel herabsteigen.

Es war klar, dass der libanesische Therapeut diesen Augenblick als fundamental und wohl als Grundlage von Konflikten mit meiner Mutter oder dem weiblichen Geschlecht, wenn nicht der Menschheit betrachtete, von denen ich mich vermutlich zurückgewiesen fühlte. In Wirklichkeit war meine Mutter eine muntere Dame aus Bologna, zu der ich ein normales Verhältnis mit den üblichen Auseinandersetzungen hatte. Mit dem weiblichen Geschlecht bin ich – mit jeweils einer seiner Vertreterinnen in mehrjährigen Blöcken – stets bestens ausgekommen. Mit der Menschheit habe ich mich arrangiert und versuche, sie ohne Niedertracht in einem Bild gegenseitiger Toleranz darzustellen.

Leider sucht die Psychoanalyse lieber nach Traumata als nach ihrem Gegenteil – ermittelt sie lieber die Auslöser der Psychosen als des Glücks. Und verleugnet die Lehre des amerikanischen Schriftstellers Kurt Vonnegut: Macht euch bewusst, wenn ihr glücklich seid. In einer Rede vor den Absolventen einer Universität in Georgia erzählte er von seinem Onkel Alex, der die Unfähigkeit der Menschen, sich ihres Glücks bewusst zu werden, beklagenswert fand. Vonnegut dazu: »Er selbst bemühte sich nach Kräften, die süßen Momente des Lebens zu würdigen. Wenn wir im Sommer im Schatten eines Apfelbaumes saßen und Limonade tranken, unterbrach Onkel Alex die Unterhaltung zuweilen mit den Worten: ›Kann es etwas Schöneres geben?‹«[10]

Dies ist der Mann, den ich mir als Analytiker gewünscht hätte: *Einen Höhlenforscher auf der Suche nach verschütteten Momenten des Glück.*

79

Anstelle eines Mannes, der mit unschönen verdrängten Erinnerungen handelt.

O je. Jetzt habe ich das verbotene Wort verwendet: Verdrängung. Das ist tabu.

Negative Erfahrungen werden verarbeitet, nicht verdrängt.

Die Verarbeitung ist schwierig und erfordert mehr Sitzungen. Zum Verdrängen braucht man niemanden, das kann man zu Hause in seiner Freizeit erledigen. Es löst das Problem nicht? Wer sagt das? Und überhaupt: »Vergesslichkeit ist eine Form der Freiheit«, schrieb der Dichter Khalil Gibran.[11]

Dem stimme ich zu. Unlängst beschäftigte sich die Rechtswissenschaft mit dem Recht auf Vergessenwerden. Vorfälle aus der Vergangenheit wie eine Strafe, die verbüßt wurde, oder ein Unfall, dessen Schaden abgegolten ist, dürfen nicht wieder hervorgekramt werden, wenn später erneut von ihrem Protagonisten die Rede ist. Das stellte elektronische Archive wie Google und Wikipedia, die alles aufzeichnen, vor ein Problem. Wir sind nicht elektronisch. Unser Gedächtnis ist es nicht. Auch unser Leben ist es nicht. Verarbeiten ist elektronisch, Verdrängen ist menschlich. Die Vergesslichkeit eine Form der Freiheit. Wenn ich zwischen Freiheit und Sicherheit zu wählen hatte, habe ich mich stets für die Freiheit entschieden. Zwischen Freiheit und Heil: für die Freiheit. Vor allem anderen. Wenn ihr wollt, dass ich zweifle, dann fragt: Freiheit oder Schönheit?

Trotzdem war ich als Kind stolz auf mein Gedächtnis. Der Großvater, bei dem ich wohnte, nahm mich nur ein einziges Mal in meinem Leben nachmittags mit auf seinen Spaziergang. Nicht aufregen, lieber Doktor in Beirut, ich beklage mich nicht, ich hätte es nicht anders gewollt: Er trieb sich in Gemüsegärten und Weinbergen herum, kaufte Kaninchen und zog ihnen zu Hause das Fell ab. Vielleicht war es besser so. Vielleicht war es besser, dass wir nur einen Nachmittag miteinander verbracht haben. Jedenfalls war er an diesem Tag auf Baustellen unterwegs: Er suchte die ideale Wohnung für die Familie – ein Apartment, das nach Süden hin möglichst offen war. Abends sagte er zu meiner Mutter, er hätte eine Wohnung gesehen. Er wusste, wo sie war, aber er hatte die Telefonnummer der Kontaktperson nicht abgeschrieben, die sich um den Verkauf kümmerte. Ich sprang ein und sagte sie aus dem Gedächtnis auf: Ich hatte alle Baustellenplakate auswendig gelernt, um ihn zu überraschen und ihm eine Freude zu machen. Wir haben die Wohnung nicht gekauft. Mein Großvater starb kurz darauf. Und ich reise auch, um Abstand von der Erinnerung zu bekommen, um sie im Rückspiegel in Dunst am Horizont zu verwandeln, beschworen in fremden Sprachen, wie es die Überlebenden tun, bis sie zu Staub zerfällt.

In einer schönen Kurzgeschichte mit dem Titel *The Golden Vanity* lässt der amerikanische Schriftsteller Ben Lerner den Helden erleben, wie ihm ein Weisheitszahn in Dämmerschlafnarkose gezogen wird, die nicht den Schmerz auslöscht, sondern die Erinnerung daran. Die Geschichte endet mit den Worten: »Als er spät am nächsten Morgen aufstand und seinen Kaffee trank – eisgekühlt, um die Wundheilung nicht zu stören –, wurde ihm klar: Ich erinnere mich sehr wohl an die Fahrt, an die Aussicht, dass ich Liza übers Haar gestrichen habe, an die unaussprechliche, zum Verschwinden verdammte Schönheit. Ich erinnere mich daran, und das heißt, es ist nie passiert.«

Ich möchte das Gleiche über die rote Rose in R.'s Hand, über das Konzert von Dalla und De Gregori, über alle Bleistiftstummel sagen können und jetzt das Haus verlassen, die Laternen der Via Nazionale wie die von Paris, Städte und Begegnungen, die sich überlagern, New York mit Beirut, das Herz unbeschwert, der Schlaf ruhig wie der einer Katze und niemand, der an die Tür meiner Träume klopft, die Zukunft wie ein Versprechen, das sich mit unendlicher Süße wiederholt, und möchte die Nacht ohne Melancholie durchqueren.

Ich tue es, bin im Begriff dazu. Warum kommst du nicht mit? Was hindert dich daran?

KAPITEL 6

Selig sind die Kinder von Sting

Nach dem ersten Umzug meines Lebens (ich war 13) kam meine Mutter mit einer großen Plastiktüte nach Hause. Sie zog einen neuen Badteppich heraus und präsentierte ihn stolz: Er schien mir in der Tat prachtvoll. Ich fasste ihn an: Er hatte einen hohen, flauschigen Flor, und ich freute mich schon darauf, ihn unter meinen nackten Füßen zu spüren. Ich mochte auch die Farbe, ein sonniges Ockergelb: Ich dachte, sie würde das Aufwachen süßer, die Morgen heiterer machen.

Zufrieden mit ihrem Erfolg rollte meine Mutter den Teppich auf, holte eine Leiter und stieg hinauf, um ihn auf dem obersten Regal der Abstellkammer zu verstauen. Im Bad blieb die alte, abgenutzte Matte liegen. Als sie ausgedient hatte, folgte ein weiteres, wenig hochwertiges Modell. Und noch eines, bis ich ein zweites Mal umzog – allein. Ich habe diesen wunderbaren Teppich nie wieder im Bad meiner Mutter gesehen, die auch nicht mehr umgezogen ist. Ich habe den Verdacht, er liegt

noch immer auf dem obersten Regal in der Abstellkammer, und fürchte, dass ich ihn erben und mich
fragen werde, warum. Ich meine, es ist sinnvoll,
ein Zweiter-Klasse-Ticket zu kaufen, wenn du dir
die erste Klasse nicht leisten kannst oder sparen
willst. Aber welchen Sinn hat es, eine Fahrkarte
für die erste und eine für die zweite Klasse zu kaufen und dann in der schlechteren zu reisen, das andere Ticket sicher in der Tasche verwahrt? Ich
fragte meine Mutter und bekam Antworten wie:
»besondere Anlässe« (im Bad?), »Respekt vor den
Dingen« (indem man sie wegsperrt und vergisst?),
»Freude am Besitz« (ohne ihn zu nutzen?).

Viel zu viele Menschen haben das Doppelte von
dem, was sie brauchen. Manche sogar das Vierfa-
che. Ein Prozent der Bevölkerung besitzt Fabriken
für Badteppiche, und *sogar ihre* Jachten *sind mit
prunkvollen Bädern ausgestattet.* Ich bediene hier
keine marxistischen Kategorien, beschwöre nicht
die Seiten über die ursprüngliche Akkumulation
im Buch *Das Kapital.* Ich spreche von einer eher
sekundären Akkumulation, von einem Syndrom,
das alle sozialen Klassen und Schichten plagt. Ich
spreche von den unendlichen Konjugationen des
Verbs »besitzen« – und fast alle sind sie falsch. Für
mich bedeutet besitzen: besessen zu werden. Man
hält das Verb für aktiv, dabei ist es passiv.

Kritik am Besitz ist radikal oder sie ist keine.
Schon das Wort ist schrecklich, viel schlimmer als

Eigentum (Besitz, nicht Eigentum, ist Diebstahl von Dingen und Seelen). Auch im Zivilrecht ist der Besitz aufgrund der Nuance, in der sich die beiden Begriffe voneinander unterscheiden, weniger begründet und letzten Endes doch gleichermaßen garantiert. Man denke nur an die »Ersitzung«: Was du jahrelang besitzt und nutzt, auch wenn es dir nicht gehört, wird dein. Besitz ist bedrückend, das beginnt schon beim Aussprechen des Wortes. Es beschwört Vorstellungen von alten Geizhälsen, eifersüchtigen und obsessiven Ehepartnern, Fächern und Geldschränken. In Besitz befindliche Waren sind nicht im Umlauf. In Besitz befindliche Menschen sind nicht frei. Wer besessen ist, wird von bösen Geistern beherrscht. Aber vor allem: Wer besitzt, ist nicht glücklich. Selbst, wenn er sich dafür aufgeopfert, wenn er gelitten, geträumt und den Besitz wahr gemacht hat.

Im Sommer 2014 veröffentlichte die *New York Times* einen Artikel mit dem Titel *Is Owning Overrated?* – ist Besitz überbewertet? Er machte darauf aufmerksam, dass immer mehr Menschen so gut wie alles leihen oder mieten: nicht nur Autos, Abendgarderobe oder Ferienwohnungen, sondern auch Kunstwerke, eine Freundin oder den Brautstrauß. Hunde. Drohnen. Das wurde nicht als endgültige Abkehr von der Besitzkultur und noch weniger als Besinnung auf ökologische Werte verstanden (je weniger Dinge im Umlauf sind, desto geringer die Umweltzerstörung). Der Trend ist aus der Rezession geboren und zu einer Möglichkeit geworden, auf Zeit zu besitzen, was man nicht für immer haben kann (eine Tasche für 5000, ein Bild für 100000 Euro). Im Grunde genommen also, um anders zu erscheinen. 15 Minuten auf dem Laufsteg über dem eigenen Limit. Doch wie so oft findet man das, was man sucht, nicht am Ziel, sondern entlang des Weges. Nach etwa der Hälfte des Artikels heißt es: »Studien zufolge ist die Vorfreude auf den Neubesitz größer als die Freude darüber, etwas tatsächlich zu besitzen.« Jeder kann im Hinblick auf eine seiner Habseligkeiten eine »Parabel des Vergnügens« zeichnen. Der Scheitel liegt meist im Vorfeld, wenn man an etwas denkt, es begehrt, dafür kämpft. Beinahe auf dem gleichen Niveau liegt der Augenblick, in dem man den Gegenstand endlich in Händen hält. Von da an geht es bergab: Es folgen kleine Enttäuschungen, Gewöhnung, Veralterung. Der von Giacomo Leopardi in seinem Gedicht *Samstag im Dorf* beschriebene Kreislauf der Gefühle (»Dies ist der heiterste von sieben Tagen, voll Hoffnung und Glück: die trübe Langeweile bricht morgen an, und zu den Wochenplagen kehrt jeder in Gedanken bald zurück.«[12]) lässt sich auf die Beziehung zu allen Dingen übertragen. Und zu fast allen Menschen.

Es ist eine Krankheit, Dinge anzuhäufen. Eine Gefahr für die Gesellschaft. Edgar L. Doctorow schrieb einen außergewöhnlichen Roman namens *Homer & Langley* über die größten Gerümpelsammler aller Zeiten. Er erzählt das Epos der Collyer-Brüder, denen das fragwürdige Verdienst zukommt, dem Syndrom seinen Namen gegeben zu haben. Der eine war Pianist, der andere Anwalt. Der eine war mit psychischen Verletzungen aus dem Ersten Weltkrieg zurückgekehrt, der andere wurde blind. Ihr schönes Haus in Harlem verwandelten sie in ein Depot der Unendlichkeit. Im März 1947 riefen die Nachbarn die Polizei, die sich Zutritt zum Haus verschaffte, die Leiche des ersten Bruders fand und sich erst fünf Tage lang durch das Gerümpel wühlen musste, ehe sie den Körper des zweiten entdeckte, der verhungert und unter 120 Tonnen Krimskrams, fünf Klavieren und einem Ford Modell T begraben war. Die Brüder sind die Vorläufer einer verzweifelten Gruppe von Menschen, die im wahrsten Sinne des Wortes im Trash-TV ihre 15 Minuten Ruhm fand – in Sendungen, in denen fürsorgliche und angewiderte Sozialarbeiter einen Ausweg aus den menschlichen und materiellen Trümmerhaufen suchen. Das Kuriose ist, dass sowohl die Reichen als auch die armen Schlucker sammeln. Dass es bei Donald Trump ebenso erdrückend ist wie bei einer armen Frau im mailändischen Stadtviertel Quarto Oggiaro. Dass man angesichts beider Wohnungen das Bedürfnis verspürt, ein Fenster zu öffnen und durchzuatmen.

Wer Dinge hortet, schadet auch dir. Sag ihm, er soll damit aufhören. Er wird eine Reihe von Ausreden vorbringen. Er wird sagen, diese Dinge seien die Erinnerungen eines Lebens; Zeichen, ohne die er die Orientierung verlöre. Gib ihm die letzten beiden Kapitel zum Lesen (»Lost is found« und »Erinnere dich daran, dich nicht zu erinnern«). Er wird von Liebe sprechen – für die Dinge und/oder die Menschen, an denen er festhält. Die Verwendung des Verbs ist kein Zufall. Was man besitzt, das hält man fest. Man sperrt es in eine Art Gefängnis. Wen man liebt, den gibt man frei. Güter und Menschen müssen zirkulieren. Innehalten, wenn es unerlässlich ist, wenn es zu wundervollen Überschneidungen kommt und die Fürsorge erwidert, die Symbiose gegenseitig ist. An diesem Punkt wird das Argument der Selbstlosigkeit beschworen: Man tut es ja nicht für sich, sondern für andere. Im Allgemeinen für die Kinder.

Italien war und ist zum Teil noch immer eine Republik, die sich auf ihre Kinder gründet. Wir ziehen Generationen von Arbeitslosen groß. Während ich diese Zeilen schreibe, sind in Italien 43 Prozent, in Europa 27 Prozent der Jugendlichen ohne Arbeit. Die Zahlen haben sich in den letzten sieben Jahren verdoppelt. Die Eltern sammeln wie die Ameisen, um den Hunger des langen Winters des Missvergnügens[13] ihres Ameisennachwuchses zu stillen. Es dient ihnen selbst, vor allem aber ihren Kindern als Entschuldigung: *Schlimmstenfalls erbe ich*. Als Sänger konnte ich Sting nie sonderlich leiden, aber mit dieser Aussage gewann er meine Sympathie: »Ich werde meinen Kindern keinen Cent hinterlassen. Sie müssen sich auf ihre eigenen Verdienste, nicht auf mein Geld verlassen, und das wissen sie.«

Stings Kinder sind ein neuer Prototyp, an dem man sich ein Beispiel nehmen sollte. Ihnen voraus ging der Schauspieler Roberto Benigni. Als er den Oscar bekam, sagte er: »Ich danke meinen Eltern für das Geschenk der Armut.« Nur wenige haben es verstanden, aber er würdigte damit einen Akt der Liebe – nicht das Geschenk von Besitz, sondern von Zuneigung, Anreizen, Vertrauen. Freiheit.

Stings Kinder wachsen heran. Sie entscheiden sich stets für die platzsparendere, leichtere, flexiblere Lösung. Die ist nur vorübergehend? Und was ist schon dabei? Auch uns kommt auf der Welt die Bedeutung eines Pop-up-Verkaufs zu, eines Geschäfts auf Zeit. Es taucht in belebten Straßen auf, wo zuvor ein »Zu vermieten«-Schild hing. Es bietet ein innovatives Produkt zum Testen an. Nach ein paar Monaten zieht es weiter, um es anderswo zu versuchen. Das scheint die Geschichte meines Lebens zu sein: Pop-up-Leben. Wenn es ein Geschäft mit dem Platz, der Werbung, den Erwartungen, der Verschuldung übertreibt und schließt, schließt es für immer. Und zieht Leben, Marken, Hoffnungen mit sich in den Abgrund. Ein zu großes Haus bremst die Schnecke und begräbt sie unter sich. Um eines erwerben (und mit einem Reserveteppich ausstatten) zu können, durchschritten meine Eltern das kaudinische Joch eines knallharten Kredits (zu dem die Abtretung eines Fünftel des Gehalts sowie ein zinsloses Darlehen der Großeltern kamen). Die Folge waren etwa zehn Jahre eines deklassierten Lebens, der Sparurlaube und der Opfer (ein wunderschönes Wort – und brächte es gar den Verzicht auf das Leben selbst mit sich, gleichwohl zu hehreren Zielen).

Ich möchte hier weder die Armut preisen, noch bin ich arm. Aber ich habe drei Szenen im Kopf.

Die erste: Joseph Heller, Autor des Romans *Catch 22*, wandert durch den Garten einer Villa auf Long Island, wo er zur Party eines Multimilliardärs eingeladen ist. Er wird gefragt: »Joe, wie fühlt es sich an zu wissen, dass unser Gastgeber vermutlich allein gestern mehr Geld verdient hat als dein berühmter Roman in den letzten vierzig Jahren auf der ganzen Welt eingebracht hat?«

Heller erwiderte: »Ich habe etwas, das er niemals haben kann.«

»Und das wäre, Joe?«

»*Das Bewusstsein, dass ich genug habe.*«

Die zweite: Patrick Pichette, Vizepräsident des multinationalen Konzerns Google, befindet sich mit seiner Frau Tamar auf dem Gipfel des Kilimandscharo. Sie betrachten den Sonnenuntergang. Beide sind von dem Anblick hingerissen. Sie fragt: »Warum reisen wir nicht einfach weiter bis ans Ende unseres Lebens?« Das wäre möglich. Sie sind über Fünfzig und verfügen über ein garantiertes Einkommen, das mehr als ausreichend ist. Er zögert: »Es ist noch nicht der richtige Zeitpunkt.« Später denkt er noch einmal darüber nach. Er hat genug getan, genug gehabt. Google kann ohne ihn weitermachen. Und er ohne Google. Er geht, macht sich auf die Suche nach anderen Sonnenuntergängen. Zu meinem großen Glück habe auch ich viele gesehen. Ich würde sagen, in den letzten drei Jahren etwa einen pro Monat: im kroatischen Zadar (laut Alfred Hitchcock der schönste), am türkischen Bosporus, in Nordkalifornien, Brasilien, Südafrika, aber auch in Mailand. Und auch dieser genügte. Ohne rote Sonne, klaren Himmel, Meer und Musik. Er genügte, um mir zu sagen: Wenn du genug hast, dann nimm das Leben bei der Hand und geh mit ihm hinaus in die Welt, mit all der Liebe, die bleibt. Ich habe es getan, weil ich es konnte. Ich hätte es auch versucht, wenn es nicht möglich gewesen wäre.

Die dritte – und diesem Text zugrunde liegende: Im Film *Up in the Air* spielt George Clooney einen Mann, der (in Unternehmen) die Köpfe rollen lässt. Er ist ständig auf Reisen, immer mit perfektem

Handgepäck. Sein größter Wunsch wäre es, alles in einen Rucksack packen zu können. Er hält auch Vorträge mit dem Titel *Was steckt in Ihrem Rucksack?* (und plant ein diesem Buch verwandtes Werk).[14] Zu Beginn seiner Ausführungen stellt er erst den Rucksack auf den Tisch und dann die besagte Frage. Er betrachtet die Anwesenden und denkt an Darlehen, Leasingraten für den Wagen, Schulgebühren, Unterhaltszahlungen, Steuern, Abgaben, Bußgelder. Die Liste geht gegen unendlich und bringt Ängste, das Erwachen um 4:32 Uhr morgens, Arbeitsüberlastung, nicht erfüllbare Leistungsansprüche und kleine Gesetzeswidrigkeiten mit sich (die sich zu großen summieren). Ein überladener Rucksack macht das Leben zur Hölle. Wie viel davon ist überflüssig?

Wäre dies ein kleiner Leitfaden der Konsumverweigerung, würden wir ihn damit beenden. Wie es Generation Y im Grunde tut, die verzichten würde, um sich von vielen Dingen zu befreien, die auf den nächsten Seiten auftauchen und wieder verschwinden werden.

KAPITEL 7

Ballast

Der Lebensweg von Nicholas »Nicky« Vreeland war vorgezeichnet. Der Enkel von Diana Vreeland (der ehemaligen Chefredakteurin der amerikanischen *Vogue*) und Sohn eines Botschafters wuchs im Kreise der Eliten dreier Kontinente auf und wurde von den Kennedys und den Agnellis gehätschelt. Mit 15 Jahren entwickelte er eine Leidenschaft für die Fotografie. Großmutter Diana griff zum Telefon und verschaffte ihm einen Job im Studio eines Meisters – bei Irving Penn. Das ist ein wenig, als hätte meine Großmutter (nicht, dass sie dazu überhaupt in der Lage gewesen wäre) bei Italo Calvino angerufen, damit ich bei ihm am Schreibtisch sitzen konnte. Nicky hatte das richtige Auftreten: Er kleidete sich wie ein Dandy, lebte wie ein Playboy und an den Sets, wo er Fotomodelle und Schauspielerinnen fotografieren sollte, gingen bereits die Lichter an. Dann geschah etwas.

Er erzählte es mir eines Abends in New York bei der Präsentation einer Dokumentation über sein

Leben. Der Film hieß *Monk with a Camera* (dt. etwa »Mönch mit Kamera«). Nicky war buddhistischer Geistlicher geworden. Er hatte die Vereinigten Staaten verlassen und war nach Indien gegangen. Er hatte die Robe übergezogen, meditiert und gelernt. Der Dalai Lama in seiner Weisheit und Ironie sowie seinem Streben nach Neuigkeiten und Aufmerksamkeit hatte ihn (als ersten westlichen Menschen) zum Abt eines Klosters ernannt. Bei der Präsentation des Films war die High Society von Manhattan zugegen, denn »du kannst den Jungen den Jetset vergessen machen, nicht aber dem Jetset den Jungen«. Als ich zu ihm trat, sagte er, wir seien uns schon einmal begegnet. Ich konnte mich nicht erinnern, wo. Er korrigierte mich und sagte, die Frage sei, wann: in einem anderen Leben. Später erzählte er, wodurch sich der Lauf seines Lebens, wodurch sich der Lauf des Lebens verändert hatte.

Er war bereits ein anerkannter Fotograf, als er in ein Apartment im New Yorker East Village zog, wo es zur damaligen Zeit nicht besonders sicher war. Während er außer Haus war, wurde tatsächlich bei ihm eingebrochen. Es wurden alle Fotoapparate gestohlen. Er verlor, woran ihm am meisten lag. Und fand sich selbst. Die Ausrüstung war versichert. Mit dem Geld hätte er viele Monate, vielleicht sogar ein paar Jahre lang leben können, ohne arbeiten zu müssen. Was er dann auch tat.

Er widmete sich seiner größten Berufung – der Spiritualität. Als das Geld zur Neige ging, traf er eine Entscheidung: Er würde Mönch werden. Erst viel später wurde er auch wieder Fotograf. Hätte er seine Fotoausrüstung nicht verloren, wäre er nur das gewesen, was ihm weniger Zufriedenheit schenkte.

Wie Nicky besitzen wir zu viele Dinge, die keinen Nutzen für uns haben oder uns in die Irre führen. Wir reisen mit zu schwerem Gepäck und wählen deshalb den leichteren Weg, um uns nicht zu sehr plagen zu müssen. Wir lieben das Pluszeichen, das Minus erschreckt uns. Dennoch sollten wir das Verb »verzichten« voller Freude konjugieren.

Ich folge hier nicht dem spirituellen Weg Nicky Vreelands. Das war nie meine Berufung und wird es auch nie sein. Ich sage das ohne Bedauern und ohne Überheblichkeit. Mein Weg ist ein weltlicher Weg des Verzichts, eine pragmatische Entscheidung, mehr nicht. Aus diesem Grund werde ich mich nun auf gleichermaßen weltliche Paten berufen.

Die Modeschöpferin Coco Chanel lehrte, dass man vor dem Verlassen des Hauses in den Spiegel schauen und mindestens ein Accessoire oder Kleidungsstück ablegen sollte.

Less is more – »Weniger ist mehr« – ist ein berühmtes Motto. Es wird dem Architekten Ludwig Mies van der Rohe zugeschrieben, der für den Minimalismus in der Architektur eintrat. Die Aussage: *Less is more*, lässt sich auch ins Gegenteil verkehren und lautet dann: *More is less* – mehr ist weniger. Je mehr wir anhäufen, desto weniger gehört uns wirklich. Wir halten es für eine Bereicherung, aber es ist eine Verarmung. Das gilt in vielen Bereichen.

In Japan ist eine Art »Kunst des Verzichts« entstanden. Sie nennt sich *danshari*. Das Wort setzt sich aus drei Verben zusammen: *dan* (»ablehnen«), *sha* (»wegwerfen«), *ri* (»sich trennen« vom Wunsch nach Besitz). Francine Jay hat über diese Kunst ein Buch mit dem Titel *The Joy of Less*, etwa »Die Freude am Verzicht«, geschrieben.

Es versteht sich von selbst, dass man vieles von dem ablehnen kann, was man bekommt. (Was machst du wirklich mit den Jahresplanern, die dir der Angestellte deiner Bank an Weihnachten überreicht? Stellst du sie alle – die Seiten weiß – nach Jahren geordnet ins Regal?) Man kann auch Einladungen ablehnen. (Warum gehst du zu diesem Abendessen? Um gesehen zu werden? Um sagen zu können, dass du dort warst?) Oder den Schein. (Tust du, was du tust, weil du davon überzeugt bist, oder weil du überzeugen willst?) Oder Beförderungen. (Willst du wirklich mehr arbeiten, um mehr Geld für eine größere Garage, eine größere Leber und am Ende eine teurere Beerdigung zu verdienen?)

Außerdem kann man unendlich viele Dinge wegwerfen, aus tausend guten Gründen. Meghan Hanika führt einen Secondhandladen in Soho. Sie bot mir einen Aktenkoffer aus Leder an, der aussah wie neu. Der Eigentümer hatte ihn morgens gekauft. Mittags hatte ihn die Freundin verlassen. Nachmittags hatte er ihn zu einem Viertel des Werts wieder verkauft, »weil er es für heilsam hielt, ihn loszuwerden«. Abends verzichtete ich auf das Geschäft – sicherheitshalber. Aber ich spreche nicht nur von Kleidungsstücken, Accessoires oder Möbeln.

Auch vor Freunde kann man ein Minuszeichen setzen. Ich würde das nicht sagen, wenn das Wort nicht entwertet, seiner reinen und edlen Bedeutung entleert worden wäre. Was sind schon virtuelle Freunde, Facebook-Freunde? Wir haben das Wort »Freund« heimlich durch das Wort »Kontakt« ersetzt. Das ist etwas ganz anderes. Ein »Kontakt« ist dienlich. Einem Freund dient man. Einen Freund verehrt man. Kontakte sind Bekanntschaften, Verbindungen, Menschen, die dienlich sein können. Freunde sind, wie alles Seltene, ein Luxus. Sie sind unveräußerlich und viel zu wertvoll, um auf eBay zu landen. Wie viele Freunde haben in einem Leben Platz? Wie viele Finger hast du an einer Hand? Zu viele, im Vergleich. Entschuldige, nimm bitte mal dein Handy in besagte Hand und gib es mir. Das ist dein Adressbuch, nicht wahr?

Du hast 348 Kontakte. Wie viele dieser Nummern rufst du, sagen wir, einmal im Monat an? Dreißig? Und die anderen? Nutzen sie dir? Was machst du beruflich? Bist du Geschäftsführer? Einer von denen, die sich – kaum ernannt – eifrig darum bemühen, sich die nächste Position zu sichern? Hast du eine Karriere? Oder eine Seele? Wie weit sind deine Arme? Das ist die Zahl der Menschen, die du umarmen, die du im engeren, im wirklich engen Sinne kontaktieren kannst.

Räum auf. Lösche jede Woche zwei Nummern, die du seit einem Jahr nicht mehr gewählt hast. Verbringe mehr Zeit mit den Menschen, die dir wirklich wichtig sind, und streiche diejenigen, von denen du glaubst, sie könnten dir nützlich sein. Lass dir gesagt sein: Es wird nicht passieren. Manche Menschen laden dich auf einen Spaziergang im Park ein und geben dir ein Wassereis aus, während ihr euch unterhaltet. Vier Jahre später erinnern sie dich an diesen ungewöhnlichen Nachmittag, den du für eine angenehme Begegnung gehalten hattest, und bitten dich um Unterstützung für ein Projekt, das sie in deiner Firma präsentiert haben. Lösche sie jetzt und verhindere, dass sie dich auf diesen Spaziergang einladen könnten. Du wirst keine Karriere machen. Du würdest ohnehin keine Karriere machen. Sie ist denjenigen vorbehalten, *die andere mit Vorsatz auf ein Wassereis einladen.* Wenn du dich für wichtig hältst, weil du von mehr Menschen erkannt wirst und mehr Hände schüttelst, wenn du bei der »Location« eines »Events« eintriffst, solltest du wissen: Wirklich wichtig ist der Typ, von dem sich alle besorgt fragen, wer zum Teufel er ist. Er ist unter anderem auch besser gekleidet als du.

Und wie steht es um die Informationen – die wertvollen, unverzichtbaren Informationen? Wissen ist Macht, sagt man. Das stimmt. Vorausgesetzt, die Informationen werden tatsächlich benötigt, sie sind zutreffend und genau. Der Journalismus (bei dem es sich um eine Sekundärquelle handelt) lehrt die Unterscheidung der Primärquellen. Er lehrt, glaubwürdige Informationen weiterzugeben, die häufig deshalb glaubwürdig sind, weil sie aus sicherer Quelle stammen. Zumindest theoretisch. Hätten Presse und Fernsehen nicht ausgesiebt, wäre ein Chaos entstanden, wie es das Internet nun geschaffen hat. Ich sehne mich nicht zurück, aber mir fehlt auch die eher zynische als unschuldige Begeisterung. Im Internet gibt es keine Filter und deshalb auch keine Autorität. Ein investigativer Artikel nimmt den gleichen Platz ein wie ein Post auf einem anonymen Blog. Und wenn Letzterer mehr Aufsehen erregt oder mehr Menschen zum Lachen bringt, wird er viel häufiger angeklickt. Nimm einen beliebigen Vorfall und stell ihn ins Internet. Am Ende passiert das Gleiche wie beim »Stille Post«-Spielen, wenn sich der

Satz »Die Zwillingstürme sind eingestürzt« durch die Weitergabe von Mund zu Mund in »Kocht ihr Hühnerbrühe?« verwandelt. Über das Attentat auf Kennedy wurden ein paar Dummheiten erzählt und Fotomontagen gemacht (auf einer war George W. Bush sen. am Straßenrand zu sehen). Aber es dauerte fünfzig Jahre, um das Niveau zu erreichen, das am 11. September 2001 bereits nach fünfzig Minuten gestreift wurde. Es reicht: An jenem Morgen waren sehr wohl jüdische Angestellte bei der Arbeit. Niemand hatte ihnen gesagt, sie sollten zu Hause bleiben. Weniger, aber korrektere, besser geprüfte, glaubwürdigere Informationen bitte!

Und zuletzt: Etwas weniger von sich selbst. Zu viele Menschen projizieren ein sperriges Bild von sich auf die Welt, das den vorgesehenen Platz sprengt. Sie steigern ihre Ichbezogenheit allmählich immer weiter, bis sie nicht mehr der Mittelpunkt der Welt sind, sondern die Welt in die Mitte ihrer selbst rückt. Jahrelang besaß ich ein gerahmtes Gedicht (es hing zwar im Bad, aber das ist und bleibt der Ort, an dem man den Blick mindestens zwei Minuten auf etwas fixieren muss). Es stammt von Konstantin Kavafis und geht so: »Und vermagst du nicht, dein Leben nach eig'nem Willen zu gestalten, so versuche dies doch wenigstens, soviel du vermagst: mach' es nicht würdelos im vielen Umgang mit der Welt, mit viel Geschäftigkeit und mit Gerede. Mach' es nicht würdelos, wenn du es immer neu herumtreibst, zur Schau es stellst in der täglichen Torheit gesellschaftlichen Umgangs, bis es dann schließlich gleich einer fremden Bürde wird.«[15] Zu viele Menschen treiben ihr Leben immer neu herum und stellen es auf jedem Ball, jedem Fest, jedem Anlass zur Schau. Sie halten sich für Hauptdarsteller eines Films, in dem es nur Komparsen gibt. Taghell erleuchten sie Räume, die um Schatten, Stille, Vergessen flehen: die Räume, in denen wir über unsere unverzichtbare Essenz wachen.

Bezüglich des Aspekts von Danshari, der uns lehrt, das Verlangen nach Besitz aufzugeben, heißt es: Lerne, wie ein Schmetterling zu leben. In der Vorbereitung auf den »Rumble in the Jungle«, den Boxkampf in Afrika gegen George Foreman, sagte Muhammad Ali: »Ich werde schweben wie ein Schmetterling und stechen wie eine Biene.« Und er siegte. Der Schmetterling gräbt keinen Bau, baut kein Nest, hat kein Haus. Er ist frei und leicht. Er ist frei, weil er leicht ist.

Im Laufe ihrer Entwicklung werden die Dinge meist leichter. Dies ist kein spiritueller Weg, sondern eine Notwendigkeit, was ich mit einem extrem materiellen Beispiel, dem materiellsten überhaupt belegen werde: dem Geld. Vorbei sind die Zeiten, als Dagobert Duck mit einem Hechtsprung in die Münzen und Banknoten in seinem Geldspeicher tauchte. Heute schreibt Thomas Stewart in seinem Buch *Der vierte Produktionsfaktor. Wachstum und Wettbewerb durch Wissensmanagement*: »Geld hat sich ... zu etwas Vergänglichem, sich Verflüchtigendem, einer elektronischen Einheit verändert. Geld ist heute nicht mehr als eine Aneinanderreihung von Nullen und Einsen, den Grundbausteinen des elektronischen Datenaustauschs. So kann jede beliebige Geldmenge ... durch kilometerlange Kabel oder Datenhighways transferiert, von Satellit zu Satellit geschossen ... werden. Diese völlig neue Art von Geld ist wie ein Schatten: den Schatten kann man sehen, doch er ist nicht zu greifen. Ihm fehlt die physische Dimension, das Gewicht – Geld ist zu einem imaginären Zahlungsmittel geworden.«[16] Wenn ich an der Börse spekuliere oder etwas ausgebe, verändern sich lediglich die Zahlen auf einer Bildschirmseite – der meines Online-Girokontos. Wie kann ich mich über so wenig freuen oder wegen so wenig leiden? Wie kann sich ein Mensch nur deshalb für bedeutend halten, weil er reich, oder besser gesagt, eine lange Reihe von Neunen statt ein paar Zweien ist?

Es gibt einen Moment, der alle Menschen gleich macht und sie aller Ansprüche entledigt: das Erwachen. Wenn wir die Augen öffnen, sind wir so gut wie niemand: ein willenloser Körper, ein leerer Geist, eine freie Seele. Ein paar Augenblicke lang haben wir keinerlei Kenntnis von uns selbst. Wir wissen nicht, dass wir Anwälte vor einem entscheidenden Prozess, argwöhnische Ehemänner, Maler ohne Inspiration sind. Wir sind einfach niemand. Die Identität kommt später, wie der Anzug mit den vielen Taschen, den wir überstreifen, wenn wir das Haus verlassen, wie das zu schwere Gepäck, das wir mit uns herumtragen. Schnell vergeht dieser magische Augenblick, aber es wäre unsere Rettung, wenn wir ihn im Laufe des Tages und des Lebens wiederfinden könnten, indem wir akzeptieren, dass dies unsere wahre Identität ist – und nicht all die Dinge, auf die wir uns später stürzen.

Ich versuche, es mit einer Zeichnung zu erklären:

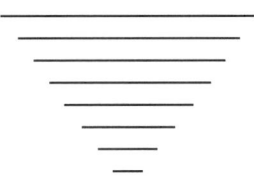

Das Ziel besteht darin, von der Linie auf den Punkt zu kommen. Spricht man denn nicht davon, »auf den Punkt« zu kommen, um auszudrücken, dass man »zum Kern« – der Argumentation und seiner selbst – vordringt?

Es gibt eine Stilfigur, der man nacheifern sollte: die Synekdoche. Bei der Synekdoche steht ein Teil für das Ganze. Es ist ein ehrenwertes Ziel, sich um die Synekdoche seiner selbst zu bemühen. Es bedeutet, sich nicht über eine Vielzahl von Zeichen, Gegenständen und Werten zu definieren, sondern sich auf ein Element, sich räumlich und zeitlich zu beschränken: Zu sein, nicht Platz einzunehmen. Kein sonderlich ehrgeiziges Projekt? Im Gegenteil! Der Ehrgeiz der meisten Menschen ist vertikaler Natur. In den Bürogebäuden entsprechen die obersten Etagen den angesehensten Positionen. In den Wohnhäusern der Riesenmetropolen werden die Wohnungen immer teurer, je höher man hinaufkommt. Der vertikale Ehrgeiz trägt Scheuklappen: Er schaut nur nach vorn und nach oben. Mich lockt ein umgekehrtes, ein horizontales Bestreben. Erfahrung statt Karriere. Einsicht statt Anerkennung. Ich hatte Anstellungen, die mich an Orte fesselten, wo sich die Leute überschlugen, um aufzusteigen. Ich gab sie auf, um zu reisen, verpasste Chancen und Positionen. Aber ich bedauerte nur die Zeit, die ich damit verschwendet hatte, mir vorzumachen, ich könnte es an einem Ort aushalten, an dem ich nicht ich selbst, sondern ein Mann gleichen Namens in einem Organigramm war. Auf der Welt ist (anders als in einem Unternehmen) für alle Platz.

Wer aufsteigt, kann geräuschvoll fallen. Wer sich ausbreitet, muss sich im schlimmsten Fall beugen. Es gibt keine bessere Vorbereitung auf

Krisen aller Art, als sich daran zu gewöhnen, mit »weniger« und sogar »ohne« auszukommen.

Das Wort »ohne« macht den meisten Menschen Angst. Sie verbinden es mit Mangel oder Verlust, oft an oder von etwas Wichtigem. Du sagst »ohne«, und sie denken »ohne Herz«, »ohne Gesetz«, »ohne Beruf und ohne Geld«. Verbindet man die damit verwandte Endung »-los« dauerhaft mit anderen Wortbestandteilen, entstehen neue Ausdrücke für beklagenswerte Umstände wie »obdach-los« oder das Französische »sans-papiers«, also Menschen ohne Ausweispapiere. Trotzdem lernen wir im Leben, *ohne vieles auszukommen* und weiterzumachen, durchzuhalten und gerade dadurch besser zu werden. Manchmal wird reich, wer etwas verliert: Er entdeckt falsche Notwendigkeiten, befreit sich von Lasten und Bedürfnissen. Manchmal ist er ohne eine Sache sogar besser dran – vor allem, wenn er sie einem anderen gegeben hat. Ein Anzug ohne Taschen enthält doch alles: Eine Existenz, die sich selbst genug ist, die sich selbst trägt. Und die – aufgepasst! – keine zweite mit sich schleppt. Denn das wäre, wie ich gleich zeigen werde, ein Verbrechen.

KAPITEL 8

Die Leiche im Koffer

Im August 2014 wurden beinahe zur gleichen Zeit in Mailand und in Nusa Dua auf der Insel Bali Leichen zerstückelt und in Koffer gepackt.

Die Tote auf Bali war die 62-jährige Sheila von Wiese-Mack. Sheila hatte Literaturwissenschaft studiert, für Ted Kennedy gearbeitet, seiner Mutter Rose Kennedy zweimal Tee serviert und zehn Jahre bei Schriftsteller Saul Bellow gelernt. Sie war seit acht Jahren Witwe. Ihr Mann war Musiker und berühmt dafür gewesen, dass er ebenso gut mit einem Symphonieorchester wie mit einer Jazzband arbeiten konnte. Die beiden hatten eine 19-jährige Tochter namens Heather, mit der die Mutter unaufhörlich stritt: Die Polizei war insgesamt 86-mal zu ihrem schönen Haus in Chicago geeilt. Die Freunde hatten Sheila allesamt besorgt von dem exotischen Urlaub mit der Tochter abgeraten.

Sheila und Heather hatten im St. Regis Bali Resort für 470 Dollar die Nacht ein Zimmer mit Aussicht auf die Bucht gemietet. Nach einer Woche war Heathers Freund Tommy Schaefer nachgekommen. Die Hip-Hop-Szene kannte ihn als Tommy Exx. Vor seiner Abreise hatte er auf Facebook geschrieben: »Ich fliege nach Indonesien. Vielleicht komme ich nicht zurück.« Er wird nur schwerlich wieder auf freien Fuß kommen. Am Abend des 13. August zeigen ihn die Überwachungskameras, wie er im Foyer mit Sheila von Wiese-Mack streitet, die ihn nicht in der Nähe ihrer Tochter haben will. Am darauffolgenden Morgen nehmen sie ihn dabei auf, wie er mit Heather einen großen, grauen Schalenkoffer zum Taxistand zerrt. Sie übergeben ihn dem Fahrer und gehen noch einmal weg, um weitere Gepäckstücke zu holen, wie sie sagen. Stattdessen verschwinden sie durch den Hinterausgang. Zwei Stunden später wird die Polizei alarmiert. Die Beamten bemerken Blutspuren an der Taxikarosserie, öffnen den Koffer und finden den leblosen Körper von Sheila von Wiese-Mack. Die beiden jungen Leute werden ausfindig gemacht und verhaftet.

Etwas Ähnliches geschah unterdessen in Mailand. Das Opfer ist der 77-jährige Adriano Manesco, Philosophieprofessor im Ruhestand. Es ist angebracht, sich ausführlicher mit seinem Leben und dessen Ende zu beschäftigen, um es anschließend mit dem seiner Mörder zu vergleichen.

Manesco wird am 4. Januar 1937 in Verona geboren. Im Laufe seines Lebens befolgt er den Rat aus unserem ersten Kapitel und macht sich zu einem beweglichen Ziel: Er studiert in Mailand, arbeitet als Gymnasiallehrer in Modena und in der Provinz Brianza, bevor er in seiner Geburtsstadt einen Lehrstuhl an der Universität erhält. Er arbeitet in Asien – Korea, Singapur, Taiwan und Thailand. Er unterhält eine feste Basis in Italien, ein kleines Apartment in der Via Settembrini, unweit des Bahnhofs Milano Centrale. Dort hütet und bewahrt er – wie ich es in Rom tue – die wenigen Dinge, die ihm wichtig sind: Bücher, eine Weltkarte, auf der er sich weniger die bereits bereisten als vielmehr die Orte ansieht, die er noch besuchen will, den einen oder anderen auf seinen Reisen erworbenen exotischen Gegenstand, eine Garderobe bestehend aus wenigen Kleidungsstücken und noch weniger Farben. Manesco ist ein Einzelgänger – leicht, nicht zu fassen. Er hat keine Familie, weil er schwul ist und Homosexuelle in Italien keine Familie gründen konnten. Die Zeitungen werden betonen, dass er mit Silvio Berlusconi das Salesianer-Gymnasium besucht hat. Ein Schulkamerad, der erst Anwalt und später Senator in der von Berlusconi gegründeten Partei wurde, berichtete mit gleichbleibender Enttäuschung, dass Manesco nie zu den Klassentreffen gekommen sei, die mit trauriger Regelmäßigkeit stattfanden. Er trug die Last der Vergangenheit nicht mit sich herum. An jedem Wendepunkt drängte das Leben ihn vorwärts. Das Erlebte und die Menschen, mit denen er zusammen gewesen war, blieben hinter der Kurve zurück: *Er war ein Mann ohne Rückspiegel.*

Den Nachbarn blieb er als methodischer Mensch in Erinnerung. Er trug stets Jeans, Hemd und Rucksack. Er wirkte wie jemand, der gerade wegfährt oder zurückkommt. Wie ein Reisender eben. Er hatte die Auswahl begrenzt, hatte nur das Allernötigste dabei. Eine lokale Tageszeitung machte die Schüler der Klasse eines humanistischen Gymnasiums ausfindig, wo er 220 Tage Geschichte und Philosophie unterrichtet hatte. Das war nicht einmal ein ganzes Schuljahr, und doch hatte er einen tiefen Eindruck hinterlassen. Alle erinnern sich an ihn, Männer wie Frauen, die inzwischen freiberuflich als Architekten, Ärzte oder wie er als Dozenten tätig sind. Einer kann noch einen merkwürdigen Zungenbrecher aufsagen: »Die Glorionen grummen die Grimaten.« Manesco hatte daran den Unterschied zwischen Substanz und Erscheinung nach dem deutschen Philosophen Immanuel Kant erklärt: Nicht alles, was unverständlich scheint, ist auch für den Sprecher ohne Sinn. »Glorionen« und »Grimaten« sind (wie das Verb »grummen«) sogenannte Noumena, Dinge an sich, unkenntlich.

Doch hier beschäftigen wir uns mit Reisephilosophie und fahren deshalb fort. Niemand geht ins Leichenschauhaus, um Manesco zu identifizieren, weil niemand ihn kannte. Er hatte weder nahe Verwandte noch echte Freunde. Wäre ich nicht mit

Handgepäck und Matchbeutel auf den Spuren von General Custer unterwegs gewesen, hätte ich hingehen können und trotz der widerlichen Zerstörungsarbeit seiner Henker wohl seine charakteristischen Merkmale gefunden.

Wer sind diese Leute?

Wie auf Bali sind sie zu zweit. Ich werde ihre Namen nicht nennen, da ich sie der Erwähnung nicht würdig finde. Ein Name ist ein Zeichen von Menschlichkeit und wäre in einem Fall wie diesem irreführend. Sie sind knapp über dreißig Jahre alt und haben Manesco über ein Erotikportal kennengelernt. Sie unterscheiden sich nicht nur im Alter, sondern auch hinsichtlich des Temperaments und der Bildung grundlegend von ihm. Sie sind in Piacenza geboren und haben die Stadt nur in ihrer Fantasie verlassen, von der sie häufig Gebrauch machen, um sich fabelhafte Ersatzleben auszumalen, die ihnen bestimmt seien und ungerechterweise vorenthalten würden. Sie ersinnen einen Plan, der ihre Möglichkeiten übersteigt: Sie wollen nach Thailand auswandern und dort leben, ohne zu arbeiten. Sie sind die faulen Brüder all derer, die davon träumen, alles zu verscherbeln und mit dem Erlös an irgendeinem Strand in Mittel- oder Südamerika ein Chiringuito aufzumachen, eine Bar aus Holz und Stroh. Diese beiden wollen nicht einmal einen Cocktail mixen.

Der Plan ist, den Professor zu töten, die Leiche verschwinden zu lassen und im Ausland von seiner

Rente zu leben. Es war ihnen bereits vor einiger Zeit gelungen, einen Teil davon auf zwei Kreditkartenkonten umzuleiten und innerhalb des letzten Jahres 10 000 Euro auszugeben. Am Tag des Verbrechens gehen sie mit grausamer Finesse vor. Sie fahren mit dem Zug von ihrer Heimatstadt in die des Professors. Die Handys lassen sie angeschaltet in dem in Piacenza geparkten Wagen zurück: Sie werden weiter anzeigen, wo sie nicht sind, um ihnen ein Alibi zu verschaffen. Die Männer haben alles Nötige dabei, um keine Spuren am Tatort zu hinterlassen: Handschuhe, Plastikschürzen, Frisierhauben. Es wird kein Fitzelchen Haut, kein Haar gefunden, das eine DNA-Analyse ermöglichen würde. Sie haben auch Plastikplanen, Kabelbinder zum Fesseln, Messer, Sägen, einen Elektroschocker und eine Schere dabei. Sie wollen den Professor mit dem Elektroschocker angreifen, wenn er bereits nackt ist, ihn zerstückeln und die Überreste beseitigen. Sie denken an alles: Sie weiden ihn aus, um den Verwesungsprozess zu verzögern und so zu verhindern, dass die Leiche aufgrund des Geruchs entdeckt wird. Sie entfernen die Fingerbeeren, damit die Leiche nicht anhand der Fingerabdrücke identifiziert werden kann. Das Gleiche machen sie mit den Zähnen, die sie mit dem Hammer ausschlagen. Mit den Augen, die sie ausstechen. Mit der Schilderung dieser blutrünstigen Details möchte ich zeigen, dass alles nahezu perfekt geplant war. Die Leiche entsorgen sie im lombardischen Lodi, weit weg von ihrem Zuhause und dem des Opfers. *Ein perfekter Plan*, der nicht aufgeht.

Wie verraten sie sich? Wie kommt es, dass sie sofort entdeckt und verhaftet werden?

Sie packen alle Teile in einen großen Koffer, den sie mühsam über die Treppe des Hauses in Mailand hinunterschleppen. Eine Nachbarin sieht sie und prägt sie sich ein. Noch schlimmer aber ist, dass sie ihn nicht in den Kofferraum stecken, als sie ins Taxi nach Lodi steigen. Sie haben Angst, dass Blut herauslaufen und Flecken hinterlassen könnte. Sie nehmen ihn mit auf den Rücksitz und zwängen sich alle zusammen hinein: die beiden jungen Männer und der dritte Fahrgast. Da bleibt es nicht aus, dass der äußerst verblüffte Taxifahrer sie wiedererkennt, als die Polizei Zeugen für die Fahrten sucht.

Ob sie ungeschoren davongekommen wären, wenn sie stattdessen zwei Handgepäckstücke gehabt hätten? Vielleicht, vielleicht auch nicht. Das ist nicht der Punkt. Der große Koffer ist eine Metapher für maßlose Wünsche: an einem exotischen Ort vom Verdienst eines anderen zu leben, ohne zu arbeiten. Er ist auch eine Metapher für eine falsche Lebensplanung, die einen von Anfang an schlecht durchdachten Mord einschließt: Wenn der Professor so zurückgezogen lebte und sie die Einzigen waren, mit denen er regelmäßig verkehrte, wären die Ermittlungen ohnehin in diese Richtung gegangen. Vermutlich sogar ohne den Fehler mit dem zu großen Koffer.

Auch der Plan oder besser das Fehlen eines Plans bei der Tochter von Sheila von Wiese-Mack und ihrem Verlobten hat etwas Maßloses und Verrücktes an sich. Sie wollten sich der Mutter entledigen und (ebenfalls) von ihrem Geld an einem exotischen Ort leben. Und wie? Indem sie sie zerstückelten, in einen Koffer packten und ihn – ebenfalls – einem Taxifahrer überließen?

Ich möchte nicht behaupten, dass in der Abflughalle eines Flughafens unter den Reisenden mit dem gleichen Ziel diejenigen mit den großen Koffern potenzielle Mörder und diejenigen mit Handgepäck mögliche Opfer oder Märtyrer und somit Heilige wären. Diejenigen mit dem kleinen Rucksack oder Trolley reisen einfach schneller, leichter, schauen nicht zurück, haben nichts angesammelt, was sich als unnütz erweisen könnte. Glaubt mir, in der Schlange an den Sicherheitskontrollen solltet ihr hinter ihnen stehen. Im Leben an ihrer Seite. Was sie im Gepäck haben? Das ist ein Geheimnis. Zuweilen ist es besser, es nicht zu kennen. Oder zu zahlen, um es nicht zu erfahren, wie ich gleich erzählen werde.

… und wurde wiedergeboren

Als ich vor vielen Jahren in Turin lebte, ging ich gelegentlich zu Versteigerungen von Gegenständen, die in Zügen liegen geblieben waren. Sie fanden in einem Lagerraum am Bahnhof statt. Dort gab es alles: Räder, drei Meter lange Schläuche, Krücken. Man fragte sich ständig, wie jemand so etwas in einem Eisenbahnwagen vergessen konnte, und doch war es passiert. Mich faszinierte das letzte Los, das der Auktionator aufrief: der geschlossene Koffer. Ich wagte es nie zu bieten, aber ich beneidete die Person, die ihn mit nach Hause nehmen durfte. Vielleicht waren Strümpfe und Unterhosen darin, vielleicht ein Schatz. Indem man mit dem Öffnen noch ein Weilchen wartete, es noch ein paar Tage, Monate oder Jahre hinausschob, konnte man wahrlich reich werden. Sich für günstiges Geld Hoffnung kaufen. Oder Illusion. Magie.

J. J. Abrams ist einer der elegantesten Schöpfer zeitgenössischer Unterhaltung. Von ihm stammte die Idee zur Fernsehserie *Lost,* und bei Filmen von *In Sachen Henry* bis zum neuesten *Star-Wars*-Blockbuster zeichnete er für Drehbuch oder Regie verantwortlich. Er veröffentlichte einen zusammengesetzten Roman (ein Buch im Buch, das ungewohnter materieller Unterstützung bedarf) namens *S.* (oder im Innenteil *Das Schiff des Theseus*). Er wurde gebeten, einen Vortrag auf einer der TED-Konferenzen zu halten, welche die genialsten Köpfe der Welt zusammenbringen. Darin bekundete er seine Leidenschaft für Schachteln, für Gefäße. Schon als Kind zerlegte er sie, um ihre verborgene Form zu verstehen. Er pries die Ästhetik der Konstruktion, erhob das Gefäß über den Inhalt. Dann präsentierte er eine »geheimnisvolle Kiste«, die er als Kind geschenkt bekommen hatte. Der Karton war mit einem großen Fragezeichen versehen und wurde mit den Worten beworben: »Für 15 Dollar erkauft man sich Zaubereiartikel im Wert von 50 Dollar.« Ein Bombengeschäft. Das Klebeband war immer noch dran. Der Karton enthielt immer noch *Zaubereiartikel im Wert von 50 Dollar*, plus Zinsen. J. J. verglich alles, was er liebte, mit dieser Schachtel: das dunkle Kino, das man besucht, um ein Abenteuer aus zweiter Hand zu erleben; das Fernsehgerät, das man einschaltet, um der Einsamkeit zu entfliehen; die Menschen, denen man begegnet und die überraschende Seiten offenbaren; das Universum und sein Mysterium.

Am Ende sagte er schlicht: »Die Kiste bleibt zu.«
Und nahm sie wieder mit.

Ich erinnerte mich daran, als meinem Bruder
einfiel, dass es in der Wohnung in Paris, in der er
in der letzten Zeit gewohnt hatte, einen ungeöffneten Tresor gab. Ich war gerade im Begriff, das Eigentum an dem Apartment zu übertragen, und
wenn es nach mir gegangen wäre, hätte ich dem
Käufer die Schlüssel übergeben, ohne nachzuse-
hen, was sich in dem Safe befand.

Stattdessen beschwor mein Bruder 48 Stunden
vor dem Notartermin das »Geheimnis der Rue du
Temple«, wie er es nannte.

»Du hast den Tresor nie geöffnet, weil du keine
Schlüssel hattest. Der Vorbesitzer hat dir gesagt,
dass auch er ihn nie geöffnet hat, weil er keine
Schlüssel hatte. Vielleicht enthält er ja einen
Schatz? Dies ist die Straße der Juweliere ...«

Es gab vor allem Modeschmuck, aber das Glit-
zern hatte mich bereits geblendet: Nun war es meine Mission, die Tür zu öffnen. Ich sah sie mir an:
Vor dem Schloss befand sich eine Metallscheibe, auf
der eine Art großes C eingraviert war. Wenn man
daran drehte, tauchten die vier Löcher für die ver-
schwundenen Schlüssel auf. Wir fotografierten es
und machten uns auf die Suche nach jemandem, der
es öffnen konnte. Der Eisenwarenhändler an der
Ecke schüttelte den Kopf. Er wusste nicht, wo er
uns hinschicken sollte: So etwas hätte er noch nie

gesehen. Wir liefen von Eisenwarenladen zu Eisenwarenladen, von Stadtteil zu Stadtteil durch halb Paris, über die Seine, den Hügel von Montmartre. Beim 15. Geschäft beschlossen wir, die Strategie zu ändern: Wir brauchten einen Fachmann. Mein Bruder rief eine Freundin an, die einen Freund anrief, der wer weiß wen anrief. Sicher ist, dass sich zwei Stunden später eine Madame Sakono bei mir meldete. Dem Akzent nach schien sie keine Japanerin zu sein. Sie ließ sich eine Beschreibung des Objekts geben und sagte: »Rouge kommt am Mittwochabend um neun. 300 Euro. 400, wenn er länger als eine Stunde braucht. In bar. Und er baut ihn hinterher nicht wieder zusammen.«

Am Dienstagabend wetteten wir beim Essen auf den Inhalt des Tresors. Die Frauen gaben romantischen Vorstellungen nach: ein Bündel Briefe, ein goldenes Armband mit Namensgravur. Mein Bruder setzte auf Schrauben, Staub und eine Uhr. Seine Tochter auf eine Taschenlampe. Ich sagte: nichts. An diesem Punkt erhob sich ein Chor von Stimmen mit der Frage: Wenn du nicht glaubst, dass etwas drin ist, warum wirfst du dann 300 Euro weg, um den Safe öffnen zu lassen?

Wäre es möglich gewesen, ich hätte den Tresor mit seinem Geheimnis, den ungeöffneten Koffer mit seinem Inhalt aus Hoffnungen behalten. Aber ich musste mich entscheiden und setzte wie Pascal auf den Glauben, obwohl ich nicht glaubte.

Rouge war pünktlich. Da der Strom bereits abgestellt war, brachte mein Bruder ein zwölf Meter langes Verlängerungskabel mit, das wir bei der Concierge einsteckten, die zwar über die Stacheln, nicht aber die Eleganz des Igels verfügte. Wir fragten Rouge nicht, wer er wirklich war und wieso er Erfahrung mit Tresoren hatte. Er nahm einen Bohrer, einen Schraubenzieher und einen Hammer heraus. Er sah sich das Schloss lange an, bevor er loslegte. Ich hätte keinen Euro auf ihn gesetzt. Zwanzig Minuten später hätte ich verloren gehabt: Der Tresor war bereits offen. Rouge ließ die Tür angelehnt, trat zurück und machte eine Handbewegung, als wollte er sagen: Bitte sehr!

Durch den Spalt ließ sich bereits erahnen, dass ich richtig geraten hatte. Nada. Nothing. Rien. Ich fuhr mit der Hand über einen der beiden Einlegeböden: leer. Dann über den anderen – und hatte etwas zwischen den Fingern, ein kleines Schild mit einer eingravierten Nummer: *760.187*. Genau so, mit einem Punkt nach den ersten drei Ziffern. Rouge erklärte währenddessen, seiner Ansicht nach sei der Tresor eingebaut, geschlossen und nie wieder geöffnet worden. Und etwa dreißig Jahre alt. Ich dachte: *760.187*.

Es gibt eine Person, die mein Leben verändert hat. Früher beeinflusste mich ein Film, der schlecht ausging, oder ein dramatischer Roman tagelang. Zählt man sie alle zusammen, ging es mir monatelang schlecht. Bis diese Person beim Verlassen eines Kinosaals in Omaha im US-Bundesstaat Nebraska, wo wir den Film *A Most Wanted Man* nach dem gleichnamigen Roman von John le Carré gesehen hatten, der für alle schlecht ausgeht, zu mir sagte: »Sei nicht traurig. Der Film ist zu Ende, aber die Geschichte geht weiter, und später flieht der Gute aus dem Gefängnis, die zynische Spionin verliert ihren Job und in Berlin kommt sogar die Sonne heraus, zumindest am Wochenende. Es war nicht das Ende, es war ein Anfang.«

Und nun: *760.187*. Ich habe eine neue Mission. Die Zahlen im Lotto zu spielen. Einen entsprechenden Punkt auf der Weltkarte zu finden. Nicht zu glauben, sondern zu leben, als wäre jedes Ende – auch dieses – nur ein Anfang.

Und damit kann ich die Augen im Dunkel einer Kiste in Südkorea wieder öffnen.

Man hat mir gesagt, es sei »Zeit, auszuruhen«. Sich zu fügen, das Ende zu akzeptieren. Hätte ich wirklich so weit gehen müssen, um zu verstehen: »Das Leben ist kurz«, »Das Glück dauert nur einen Augenblick«, »Man kommt und geht mit leeren Händen«? Natürlich nicht. Und auch wieder schon. Denn wenn du deine ganze Zeit damit zubringst, zu essen und zu trinken, deine Krawatte zu binden, auf Menschen und Flugzeuge zu warten, wann hältst du dann inne, um es dir einzugestehen? Jetzt, im Dunkel dieser Kiste, jetzt denke ich daran. Aber vor allem denke ich: Wann geht dieser verdammte Deckel wieder auf?

Am Abend, bevor Kurt Cobain sich erschoss, fragte er die anderen Mitglieder der Band Nirvana: »Habt ihr noch Spaß, Leute?«

Nicht immer, noch nicht einmal oft. Trotzdem macht man weiter – auch aus Respekt vor denjenigen, die es gerne getan hätten und nicht die Gelegenheit dazu bekamen. Man heiratet das Leben in Reichtum und in Armut, in Liebe und in Gleichgültigkeit, für 46 Stunden Glück und 228 Stunden, in denen man sich das Gesicht wäscht und die Zähne putzt.

Erwartet nicht, dass ich gegen den Deckel klopfe oder rufe, damit jemand aufmacht. Ich habe gelernt, mich zu beherrschen, und wenn es mir in dieser Kiste gelingt, wird die nächste Kernspintomographie ein Kinderspiel. Irgendetwas wird passieren: *Solange es Leben gibt, gibt es Leben.* Hoffnung erscheint mir nicht wesentlich. Mein Freund, der Dichter Alessandro Bergonzoni, mahnt: »Hoffe *niemandem* ins Gesicht.« Und Franco Berardi, genannt Bifo, rät in seinem Buch *Heroes*: »Spiel nicht mit, erwarte keine Lösungen von der Politik, häng dich nicht an Dinge, hoffe nicht.« Und weiter: »Halte dich raus … Denk daran, dass Verzweiflung und Freude nicht unvereinbar sind.«[17] Wir können die Situation verstehen, daran verzweifeln und trotzdem glücklich sein. Weil wir hier sind, weil wir verstehen, weil wir versuchen werden, sie in den Griff zu bekommen, und weil wir – wenn wir es nicht schaffen, wenn wir verlieren – nicht aufgeben werden. Weil wir versuchen, uns mehr als 46 Stunden Glück zu schenken, Minute um Minute. Und wenn wir schließlich erkennen, dass die weitere Erhöhung dieser Zahl oft von anderen Menschen abhängt, dann lasst uns auch überlegen, wie wir anderen 47 Stunden Glück schenken können. Lasst uns die eigene Erfahrung erweitern, indem wir die der Menschen einbeziehen, die wir lieben. Wie wir festgestellt haben, als wir bei Kerzenlicht unser Testament machten, sind das nur wenige, aber gute.

Von fern verkündet eine Stimme: »Du bist jetzt bereit für die Wiedergeburt.«

Der Deckel wird aufgehebelt. Ich atme auf. Ich lege das Hemd ohne Taschen ab und ziehe die Schuhe wieder an. Ich steige die Treppe wieder hinauf. Ich kehre ins Büro von Ko Min-su zurück, der mir einen Tee anbietet.

Ich frage, ob er religiös ist. Er verneint. Ob er wirklich bereit ist zu sterben. Er verneint erneut. Er sagt, Ziel des »Spiels« sei nicht die Vorbereitung auf das Sterben, sondern auf das Leben. Er bringt mich zur Tür.

Ich würde lügen, wenn ich sagte, dass ich den grauen koreanischen Himmel nun als strahlend empfinde. Er ist nicht anders als zuvor, ebenso wenig wie ich. Es kann jederzeit zu Ende gehen, auf der Fahrt zum Flughafen oder auf einem der drei Flüge, die ich anschließend nehmen werde, oder aus irgendeinem anderen unvorstellbaren Grund. Bin ich bereit? Nein. Akzeptiere ich es? Habe ich vielleicht eine Wahl? Aber solange es nicht zu Ende ist, ist es nicht zu Ende.

Und selbst dann kann es immer wieder von Neuem beginnen.

Die Zukunft ist ein Koffer, den wir öffnen und dessen Inhalt wir akzeptieren müssen, was immer es auch ist. Wir können versuchen, ihn selbst zu packen, aber ohne zu übertreiben, uns zu beschweren oder uns etwas vorzumachen.

Ich könnte sagen, dies sei ein kleiner Leitfaden des menschlichen Widerstands. Oder der Prolog zur Entstehung eine neuen Spezies: die leichter und beweglicher ist, in kein Schema passt und deshalb die laufenden Veränderungen überleben wird. Das wäre übertrieben, gewiss. Aber stellt euch nur vor, was für eine Revolution das wäre, eine echte, vielleicht die größte Revolution: statt rechts, links, Großbürgern, deren Gesichter auf den Seitenteilen von Bussen kleben und die uns ummodeln wollen, einfachen Vereinfachern, liquiden Liquidatoren, Bruchstücken aus der Zukunft. Was für eine Revolution! Eine Generation, die imstande ist, stets die Freiheit zu wählen, nur das (auch zum Vergnügen)

Nötige zu konsumieren, sich an nichts zu binden, Dinge und Schlachten, aber nicht sich selbst zu verlieren, vorgefertigte Ideen und Glaubensvorstellungen abzulehnen, die ihnen bei der Geburt mitgegeben wurden. Eine Generation, die weder zu viel Vergangenheit noch zu viel Zukunft hat, sondern unerschütterlich von der Gegenwart angezogen wird, unfassbar, unberechenbar, losgelöst von der Erde und der Zeit. In vollkommener Harmonie mit dem Dasein. Und wenn es dann zu Ende geht, kommt jemand und sagt: Möge die Erde dir leicht sein. Bring ihn zum Schweigen. Möge das Leben dir leicht sein.

Es gibt nur eines, was ich euch auf diesen Weg durchs Leben mitgeben möchte. Glaubt mir: Reist nur mit Handgepäck.

Anmerkungen

1 Sándor Ferenczi: »Sonntagsneurosen«, in: *Bausteine zur Psychoanalyse II, Praxis*, Bern/Stuttgart/Wien 1984, S. 178 ff.

2 Rybczynski, Witold: *Am Freitag fängt das Leben an.* Reinbek 1993, S. 196/197

3 Hillman, James: *Charakter und Bestimmung. Eine Entdeckungsreise zum individuellen Sinn des Lebens*, München 2002, S. 24 f.

4 Gabriel García Márquez: *Die Liebe in den Zeiten der Cholera*, Frankfurt am Main 2014

5 Eric-Emmanuel Schmitt: *Monsieur Ibrahim und die Blumen des Koran*, Frankfurt am Main 2008

6 Oscar Wilde: Die Ballade vom Zuchthaus zu Reading, Leipzig 1970

7 Hiob 2:9–10

8 Milan Kundera: *Das Buch vom Lachen und Vergessen*, München 1992, S. 34

9 Jorge Luis Borges: »Das unerbittliche Gedächtnis«, in: *Gesammelte Werke*. Band 3/I, München 1981, S. 173 ff.

10 Übersetzung nach Kurt Vonnegut: *If This Isn't Nice, What Is?: Advice to the Young-The Graduation Speeches*, New York 2014

11 Khalil Gibran: *Sand und Schaum*, Olten und Freiburg im Breisgau 1978, S. 9

12 Giacomo Leopardi: *Gesänge. Dialoge und andere Lehrstücke*, München 1978, S. 181

13 William Shakespeare: *König Richard der Dritte*, Stuttgart 1969, I. Akt, 1. Szene

14 Jason Reitman (Regie): *Up in the Air*, Paramount 2009, Timecode 07:33

15 Konstantin Kavafis: »Soviel du vermagst«, in: *Das Hauptwerk. Gedichte griechisch und deutsch*, Heidelberg 2003, S. 141

16 Thomas Stewart: *Der vierte Produktionsfaktor. Wachstum und Wettbewerbsvorteile durch Wissensmanagement*, München 1998, S. 32

17 Franco »Bifo« Berardi: *Heroes. Mass Murder and Suicide*. London/New York 2015, S. 225

Über den Autor

 Gabriele Romagnoli ist ein bekannter italienischer Journalist, der unter anderem für *Vanity Fair* und *Repubblica* schreibt und bereits zahlreiche Bücher veröffentlicht hat. Sein Ziel ist es, in seinem Leben mindestens hundert Länder bereist zu haben.